名师名校名校长

凝聚名师共识
回应名师关怀
打造名师品牌
培育名师群体

撷春昆明

——研学设计与实践

李文娟 / 主编

西南大学出版社
国家一级出版社 全国百佳图书出版单位

图书在版编目（CIP）数据

撷秀昆明：研学设计与实践 / 李文娟主编.
重庆：西南大学出版社，2024. 11. -- ISBN 978-7
-5697-2746-3

Ⅰ. G632.429

中国国家版本馆CIP数据核字第2024FU8797号

撷秀昆明——研学设计与实践
XIEXIU KUNMING——YANXUE SHEJI YU SHIJIAN

李文娟　主编

责任编辑：徐庆兰
责任校对：邓　慧
装帧设计：言之凿
出版发行：西南大学出版社（原西南师范大学出版社）
地址：重庆市北碚区天生路 2 号
邮编：400715
印　　刷：北京政采印刷服务有限公司
成品尺寸：170 mm×240 mm
印　　张：15.5
字　　数：273千字
版　　次：2024年11月　第1版
印　　次：2024年11月　第1次印刷
书　　号：ISBN 978-7-5697-2746-3
定　　价：68.00元

编委会

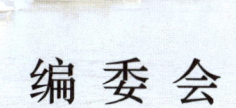

主　编：李文娟

编　委：（按姓氏笔画排序）

马晓凡	马梦莹	王 骥	王文治	王金泽	王嘉维	戈素云
方婕敏	甘国其	包 瑞	毕 锋	朱亚琳	朱红琼	刘 佳
刘 斌	许 瑛	许龄文	许靖敏	孙 露	孙永悦	孙顺斌
李 林	李 艳	李 敏	李 嵘	李 婷	李 臻	李晓明
杨 洁	杨 娟	杨 敏（呈贡一中）		杨 敏（昆明八中）		
杨 蓓	杨 翠	杨志龙	杨丽萍	杨柱琴	肖怡娴	吴晓月
何 静	余祥富	陈 杰	陈文丽	陈文艳	陈德礼	邵见坤
林宣豆	罗映菊	罗赟莹	金富增	郑 瑛	保政良	保莹莹
侯 胜	侯敬娟	施 扬	袁克凤	徐 申	徐 焕	高荣菊
郭玉珊	唐晨翕	陶炳秋	梁家昌	彭怡霄	蒋小芳	詹润锋
窦江雨	蔡亲龙	潘得波	瞿 萍			

序言

魅力昆明

　　《撷秀昆明——研学设计与实践》是一本汇聚了昆明的教育、文化、历史等知识的工具书，是李文娟工作室多年努力的成果。这本书不仅对昆明地理教育作了深度解读，更对昆明这座城市进行了生动描绘。

　　本书内容丰富，涉及了昆明的自然风光、人文风情、历史沿革和现代发展，图文并茂，每一章都犹如一幅画卷，展现出昆明的独特魅力。

　　第一章"神骏三山"，通过介绍西山、梁王山、长虫山等景致，让我们感受到昆明的壮丽景色；第二章"撷秀水脉"，介绍滇池、翠湖、洛龙湖、阳宗海、盘龙江、牛栏江等以水为核心的地理综合体，让我们感受到昆明的独特韵味；第三章"硫黄金汤"，介绍了昆明的各种温泉资源；第四章"锦绣春城"，深度解读了昆明无处不在的花海和异军突起的花卉产业；第五章"撷秀乡土"，通过各种民俗文化和传统手工艺的介绍，让我们感受到昆明的多元文化魅力；第六章"古滇名城"，带我们领略了昆明的深厚历史底蕴，包括东、西寺塔，南屏街，官渡古镇，晋城古镇，金马碧鸡坊，龙川桥，护国桥等古迹；第七章"美食都会"，不仅介绍了昆明的特色美食，还考察了当地的社会缩影；第八章"宏图省城"，对昆明的轨道、航空、水运、管道、公路等交通运输线路，经济地标和现代城市建设进行了介绍；第九章"撷秀昭通"，介绍了彝良、小草坝和大山包；第十章"撷秀瑞丽"，介绍了瑞丽市的气候、地理位置等。

　　值得一提的是，本书的附录部分也十分精彩。历史撷秀、自然撷秀、地名撷秀、节俗撷秀等，为读者提供了丰富的资料，如同打开了一扇扇窗户，让读者能够更深入地了解昆明的历史、地理和民俗。

然而，《撷秀昆明——研学设计与实践》的价值远不止于此。它不仅是一本教育工具书，为中学教师提供了宝贵的研学设计资料和攻略；还反映了昆明地理研学、教育的高水平现状，并对未来的发展提出了独到的见解。

李文娟工作室在取得如此丰硕成果的同时，还积极扩大他们的影响力，将关注点扩展到了云南省的昭通、瑞丽等地区，这无疑为云南的教育事业注入了新的活力。

总的来说，《撷秀昆明——研学设计与实践》是一本深度了解昆明的指南，是一本记录了昆明的教育、文化、历史发展的珍贵资料。我强烈推荐大家阅读并运用这本书。

李琳

2024年1月11日 于昆明

李琳：教授，博士生导师。中国教育学会地理教学专业委员会学术委员会委员、国际地理联合会地理教育委员会中国理事、教育部"国培计划"示范项目首席专家、云南省"地理课程标准与教材分析"一流课程负责人。

春城风物，研学佳作

云南是一个写满诗意的地方，昆明是一座充满温暖的城市。彩云之南、四季春城、药材之乡，仅这些赞誉就足以让人爱上云南昆明。这里的人热情好客，这里散发着浓郁、淳朴的乡情。工作以来，我先后十余次去云南旅行和研学，每次都能感受到当地的风物温情和新奇变化。

2018年以来，由地理基础教育"三大刊"联合成立的"九州杯"全国研学课程设计大赛组委会积极开展全国地理研学活动，先后举办了六届全国研学比赛，作为相关活动的策划者和组织者，我认识了全国各地诸多参与研学的专家和教师，李文娟老师可谓其中的佼佼者。她勤于学习、勇于实践、热爱研学，带领团队从校园走向田野，一步步成为全国知名的优秀研学团队。

近年，李文娟工作室积极开展昆明市周边的研学实践活动，取得了多项优秀的研学成果，《撷秀昆明——研学设计与实践》一书即是其众多研学成果中耀眼的一颗。我有幸在出版前阅读此书，从书中领略了昆明壮丽的山川景观和美妙的异域风物，图书分为"神骏三山""撷秀水脉""硫黄金汤""锦绣春城""撷秀乡土""古滇名城""美食都会""宏图省城""撷秀昭通""撷秀瑞丽"十章。既有景观照片、卫星地图，又有地理示意图、研学线路图，内涵丰富，图文并茂。读完全书抚卷回味，由衷感叹昆明研学资源的得天独厚，令人向往。本书以大量实践案例为支撑，对研学课程设计进行了探索，对研学过程中的实践力培养进行总结归纳，实用性强。书中的具体案例虽然仅基于昆明境内的研学旅行资源，但其中的研学思想和方法，对昆明乃至全国研学旅行的发展都将产生一定的推动作用，值得广大中小学教师及研学爱好者学习借鉴。

"纸上得来终觉浅，绝知此事要躬行。"研学旅行就是将书本知识应用于现实世界的过程。中小学教师熟知学科教材的内容，通过研学实践，他们可以帮助学生用理论联系实际、用已有的知识分析现实问题、提出解决现实问题的办法，并帮助学生通过现实问题的解决来重新认识理论，增强实践能力，最终达到对课本知识的全面理解和融会贯通。谨借此书呼吁全国地理研学团队积极开发身边的研学资源，设计课程，编辑图书，为当地的文化繁荣，为跨区域的研学活动，作出地理人应有的贡献。

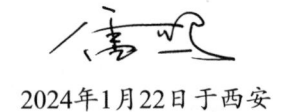

2024年1月22日于西安

雷鸣：《中学地理教学参考》主编，中国教育学会地理教学专业委员会常务理事、中国教育学会中小学综合实践分会理事。曾先后组织策划六届"九州杯"全国研学课程设计大赛，主编多部研学旅行图书，出版专著《研学旅行：地理眼+实践力》。

昆明研学课程化

"春城"昆明,生态资源与文化资源丰富,不但是举世闻名的旅游胜地,也是可以面向全国乃至全世界的研学实践地。

昆明研学旅行的课程教材不但能使中小学生充分利用昆明的研学资源,收获高品质的研学成果,而且能带动昆明的研学旅游,乃至于受众越来越多的深度旅游的发展。昆明教育界的李文娟团队与时俱进,将其长期研究成果汇聚成《撷秀昆明——研学设计与实践》一书出版,真可谓引领昆明研学实践健康开展的先锋。

本书从昆明的地形、气候、温泉、花卉、民俗、历史、美食、宏图等角度谋篇布局,凝练出可供高品质撷秀研学的昆明特色优势。

本书引导的研学活动从登山开始,选出有代表性的"三山",不只是简单的登山览胜,而是引导学生探索名山景观形成的地质过程、山势对水系和生物多样性的影响,从而引导学生探究在历史长河中人地相互作用积淀的丰厚的"三山"文化遗产。

本书引导的水域研学,也不只是观览美丽的水景,而是要求学生从地质、地形和气候及其相互作用的角度探讨河湖的形成过程,将"水韵"与"春城"紧密结合起来,并注重从人地关系的角度讨论河湖文化遗产的价值及人类活动对河湖生态的影响。

本书将昆明的温泉单列为章,通过昆明市的温泉,将地质、水文、生态等研学内容联系起来,从人地协调观的角度,探究如何保护珍贵的温泉资源,以及如何更好地使其造福于美丽城乡的人居生活。

本书引导学生关注"彩云"和"花都"这两大昆明地域特色,研究高原气象的内在机理及四季繁花的习性对气候条件的要求,尤其是引导学生不停留在对自然条件的认识上,而是进一步探讨自然条件对人类活动的影响。

本书从乡土风情章节开始转入以人文为主的研学,在要求学生像探讨生物多样性一样探讨多姿多彩的人文事象的同时，引导学生从人地关系的视角探讨风土与人情的关系，并从文化自信和文化传承的视角将研学引向深入。

本书重视对昆明历史文化名城的深度研学，从时空综合的视角，引导学生将城市发展过程与文化遗产场域紧密结合，将历史文化传统与古城现实生活紧密结合，让学生在现实生活中深入体验和自觉践行优秀传统的活态传承。

本书特别突出昆明的美食，创设研学实践与美食品尝相结合的沉浸式研学模式，在饮食审美中探究造就昆明物阜民丰现状的自然与人文因素。

本书引导学生将对昆明的自然和人文多要素的探究学习归结到以主人翁姿态对昆明发展现状和规划的研究，从昆明独特的地理区位出发，特别关注交通先行对城市发展的作用，凸显昆明交通枢纽的地位，将研学的视野从昆明扩展到国际，坚持以人地协调为主线，将经济、社会与生态紧密关联，推动研学实践走深、走远。

本书每节都概括提出了明确的研学目标，设计了专题研学线路，每条线路都设置了主要的研学节点，每个节点都设计了研学活动清单，这样的研学活动设计具有较强的系统性，富有指导研学实践的实用价值。

综上所述，《撷秀昆明——研学设计与实践》是一部立意高远，充分体现在昆明开展研学实践的独特优势和价值的研学实践用书。本书投入使用，可望全面、高水平地达成研学实践目标；本书也可作为广义研学旅游乃至深度体验性旅游的指导用书；本书还可以作为高校教师教育、文化旅游等专业的教学参考用书。我们期盼有更多这样的研学实践用书问世。

袁书琪 彭俊芳
2024年1月23日 于福州

袁书琪：中国教育学会地理教学专业委员会学术委员会副主任，福建师范大学二级教授、博士生导师。

彭俊芳：中国教育学会中小学综合实践分会理事，福建师范大学副研究员。

研学旅行活动实施的好指导

自2016年《教育部等11部门关于推进中小学生研学旅行的意见》颁布以来，社会各界对于研学旅行的关注度越来越高，各地、各校、各机构都基于实际情况开展了不同地域、不同对象的研学旅行活动。研学旅行继承和发展了我国传统"读万卷书，行万里路"的教育理念和人文精神，突破了教材、课堂和学校的局限，向自然、学生的生活和社会领域延伸，成为素质教育的新内容和新方式。好的教育就是无痕迹的教育。研学旅行具有较强的教育性、实践性和公益性。通过研学旅行活动，学生能从社会、大自然中汲取发展的力量，锻炼实践能力、团队协作能力、问题处理能力，培养社会责任感和创新意识，以及对美的欣赏能力，促进德智体美劳全面发展，从而不断提升综合素养。

云南省地理位置独特，拥有得天独厚的自然资源和人文旅游资源，云南人热情好客、朴实无华。"九州杯"全国研学课程设计大赛在这里连续举行了三届，就源于云南得天独厚的研学资源与淳朴热情的民风。"春城"昆明是云南省最大的教育中心和旅游集散中心，是滇中城市群的核心圈和亚洲5小时航空圈的中心，也是古代南方丝绸之路上的重要枢纽。它历史悠久、文化灿烂，少数民族众多，具有优越的地理位置、丰厚的文化底蕴、极具特色的气候和丰富多彩的人文资源，契合了研学旅行的多元需求，在发展研学旅行上具有独特优势。

初识李文娟老师，是在昆明举行的2013年中国地理学会（西南地区）学术年会，她的能歌善舞给我留下了深刻印象。后来多次因为研学活动一起深入交流，更感受到她对研学的执着与热情。李文娟老师带领她的团队在研学的路上深入探索，梳理总结、凝练成果，最终有了这本《撷秀昆明——研学设计与实践》。本书共分十章，涵盖了昆明的山、湖、泉、花、乡俗、古城、美食、交通等研学资源，再用历史、自然、地名、节俗、办学、产业、革命、宏图等攻略作为研学资源的补充，以地理学科为主导，整合跨学科知识，用主题形式呈现，内容丰富多彩，编写简洁精练，线索清晰明了，凸显了昆明的自然、人文地理精品资源。一气呵成读来，顿感文字优美、图片美观、角度新颖、视野独特，既有明确研学目标的拟定，也有简要研学地点的介绍，还有启迪思考的研学任务设置和拓宽视野的知识链接，可以让研学指导师根据实际需求组合研学路线和内容，更可以让学生从中获取研学地点的相关知识并深入思考，是一本不可多得的研学教材。

2024年1月27日于重庆

杨娅娜：全国优秀期刊《地理教育》主编，重庆师范大学地理与旅游学院副教授，硕士生导师。长期承担"中学地理教学设计""地理教学论""中学地理课程标准与教材分析""地理比较教育研究"课程的教学与研究。

"醉"昆明

昆明市是云南省省会，是我国首批24个历史文化名城之一，是"一带一路"倡议中通往南亚东南亚的重要门户。这里有秀丽的风光，悠久的历史，众多的古迹，多元的民俗，让人心驰神往、流连忘返。明代文学家杨慎赞昆明："天气常如二三月，花枝不断四时春。"现代著名作家杨朔曾激动地写道："一脚踏进昆明，心都醉了。"

新课改要求培养中学生四大地理核心素养，其中之一就是要提高学生的地理实践力。而开展系统的研学活动是扎实提高学生地理实践力的有效方式之一。由云南省正高级教师、特级教师李文娟老师主编的《撷秀昆明——研学设计与实践》一书，是以昆明为研学区域编写的一本较全面介绍昆明地理位置、地形气候、河流湖泊、温泉花卉、民俗历史、美食美景和城市规划等方面综合性知识的工具书，也是李文娟地理名师工作室众多科研成果的集中展示。本书最大的特色是通过创新的研学活动形式，让乡土地理知识生动了起来，让历史人物事件灵动了起来，从而促进了学生跨学科学习能力和综合实践能力的提升，真正落实了"学习对生活有用的地理""学习对学生终身发展有用的地理"的基本理念。

《撷秀昆明——研学设计与实践》共分为十章十攻略，以昆明的自然地理、人文历史、民族风情为素材，东北连昭通，西南接瑞丽，纵贯彩云之南，精心设计了一系列实用性、可操作性很强的区域研学活动线路，为中学生开阔视野，增加见识，激发兴趣，主动学习，学会做事和学会生存，提高文化素养和人文情怀，创设了一个崭新的平台；为全国地理名师工作室开展研学活动提供了很好的示范和借鉴；也为普通读者了解昆明、认识云南提供了一个新颖的视角。希望大家通过《撷秀昆明——研学设计与实践》一书，让昆明的绿水青山，云南的红土彩霞都映入我们的眼帘！

2024年2月20日于上海

段玉山：国家中小学地理教材建设重点研究基地主任，华东师范大学地理教育研究所所长、环境教育中心主任，教授、博士生导师。国际地理联合会地理教育委员会中国委员会主席，教育部基础教育教指委地理委员会副主任，中国教育学会地理教学专业委员会理事长，上海市地理学会副理事长，上海高校"立德树人"人文社科地理重点研究基地主任，《地理教学》杂志主编。

目录

第一章　神骏三山
第一节　形胜西山 — 2
第二节　登梁王山 — 5
第三节　寻脉长虫山 — 11

第二章　撷秀水脉
第一节　撷秀河湖 — 16
第二节　亲水潋滟 — 33

第三章　硫黄金汤
第一节　撷秀温泉 — 54
第二节　沐浴身心 — 58

第四章　锦绣春城
第一节　撷秀彩云 — 68
第二节　花都品美 — 72

第五章　撷秀乡土
第一节　撷秀乡俗 — 80
第二节　采风乡情 — 87

第六章　古滇名城

　　第一节　撷秀名城　　100

　　第二节　考古遗迹　　109

第七章　美食都会

　　第一节　撷秀风味　　118

　　第二节　街市尝鲜　　127

第八章　宏图省城

　　第一节　撷秀盛世　　140

　　第二节　远景立志　　148

第九章　撷秀昭通

　　第一节　将军故里——彝良　　168

　　第二节　天麻之乡——彝良小草坝　　170

　　第三节　高海拔黑颈鹤之乡——昭通大山包　　175

第十章　撷秀瑞丽

　　第一节　南亚风情边陲小镇　　182

　　第二节　翡翠——滴血美玉　　183

附　录

第一章

神骏三山

在地势崎岖的云贵高原，群山之间的平坝自古以来便是各族人民耕种栖息之处。昆明坝子便是其中一个较大的坝子。在昆明坝子里，四周环绕的山岳既是护城之钥，亦成锁地之形。

若以古代堪舆之说的观点来看这些山地，昆明城无疑地处风水宝地。"北走蜿蜒，南翔缟素"——长虫山宛若一条游龙由北及南，伏脉渐低于玄武之位。玉案、碧鸡、华亭、罗汉等山位于城西，逶迤绵亘，如"西翥灵仪"。"东骧神骏"——金马山于城东俯身低首。"龟城"昆明城便位于此明堂点穴之位。

如今，西山、长虫山仍是禁锢"龟城"之锁，无奈昆明城只得东拓南延。"滇中第一峰"——梁王山也已成昆明城东南之垣。

此三山夹峙，形胜于昆明，若于昆明城撷秀名山，自当以此三山为首。

第一节　形胜西山

撷秀形胜——西山

"苍崖万丈，绿水千寻，月印澄波，云横绝顶，滇中一佳境也。"这是明嘉靖年间杨慎在《云南山川志》中对西山的赞美。西山，毗邻滇池，距离昆明市区约15千米，相传古时有凤凰于此停歇，见者不识，呼为"碧鸡"，故称此地为"碧鸡山"；明代称太华山，又因在昆明西南、滇池西岸，元代以来俗称西山。西山是滇中高原的"绿翡翠"。远眺西山，群峰的剪影像一尊庞大的睡佛，故称"卧佛山"；又似一个仰卧的少女，也称"睡美人"。走进西山，幽篁碧翠，浓荫垂翳，清涧流泉，玲琮和鸣。明崇祯十一年（1638年），徐霞客驻足昆明，写下了古代记西山最详尽的游记名篇《游太华山记》。追寻徐霞客的足迹，既可游览到"石萼骈丛"的小石林，又可登临绝顶——美女峰。

西山"睡美人"

想一想：从"龙门断裂面"推测西山是怎么形成的。

西山有着丰富、厚重的历史文化，元代为"滇南八景"之首；明代居"云南四大名山"之冠，在"滇阳六景"中被誉为"碧鸡秋色"；清代"昆明八景"中的"滇池夜月"，即如今滇池西山夜月；在当代又是"昆明十六景"之"睡美人山，龙门飞峙"。从元代开始直至清代的建筑群亦体现了其厚重的历史文化。其中华亭寺、太华寺、三清阁等佛道建筑群，以及张天虚墓园等，均属市级重点文物保护单位；还有柏西文墓、杨杰墓等区县级重点文物保护单位。各级文物保护单位荟萃，堪为滇中文物的宝库。

昆明西山华亭寺

昆明西山太华寺

昆明西山三清阁

知识链接

1. 升庵祠（徐霞客纪念馆）："升庵"是明代文学家杨慎的号，明万历年间，云南布政使刘之龙为纪念这位文化名人，将其原居所"碧峣精舍"修为"太史祠"；清康熙年间，云南总督范承勋重修太史祠，题额为"碧峣书院"，又名"升庵祠"。徐霞客纪念馆就位于升庵祠内。徐霞客曾详细地考察过西山，在升庵祠停留，写下著名的《游天华山记》。1994年，中国云南徐霞客研究学术讨论会在此召开，并于此建立"徐霞客纪念馆"。

2. 华亭寺：建于1063年，是一所年代久远、规模宏大的佛寺。寺院殿宇巍峨，错落有致，气势磅礴，寺门外有钟楼、放生池、雨花台；寺内有天王殿、大雄宝殿、藏经阁及新建的500金身罗汉堂，造像塑工精良，栩栩如生、神情各异，在国内外享有盛誉。

3. 太华寺：素以花木繁茂著称，明朝徐霞客来游时，就写道："殿前夹墀皆山茶。"太华寺又名佛严寺，在西山太华山腰，始建于元代，由天王殿、大雄宝殿、缥缈楼、一碧万顷阁、水榭长廊及南北厢房组成。

4. 三清阁：一组建于悬崖峭壁上别具特色的道教建筑群，初为元代梁王的避暑台，后道教宫观兴起，逐渐发展成九层十一阁的嵌壁建筑群。三清阁上接云天，下临滇池，远看苍崖间层楼叠宇，云烟盘绕，似"空中楼阁"，凌空欲飞。

研学活动目标

1. 了解关于西山的历史文化，体会相关历史人物的精神品质。
2. 欣赏西山自然风光，感受西山之美，培养对大自然的热爱。
3. 观察西山植被随高度上升的垂直变化，分析其背后的原因。

研学路线一：感受西山深厚的历史文化

实践点：升庵祠（徐霞客纪念馆）→华亭寺→太华寺→三清阁。

任务清单：

1. 了解徐霞客的生平，简要描述徐霞客对地理学作出的重要贡献。

2. 浏览《游天华山记》，了解徐霞客游历西山的经历，找出徐霞客在西山的"打卡点"，同时感受西山厚重的历史文化。

3. 徐霞客的眼中处处有景，"无处不景"，追随徐霞客的足迹，感受徐霞客对山水和自然的热爱。

4. 观察华亭寺、太华寺、三清阁的建筑特色，了解其背后的历史文化。

研学路线二：探究西山自然植被的垂直分异

实践点：玉兰园→太华寺→游客服务中心→小石林。

任务清单：

1. 分别在玉兰园、太华寺、游客服务中心、小石林等不同海拔处观察西山的自然植被特征，采集标本，及时记录植被类型及海拔。

2. 整理数据，尝试绘出西山植被类型随海拔变化的示意图，并分析其中的原因。

第二节　登梁王山

一山观四海——梁王山

梁王山因元代梁王而得名。1253年，忽必烈率十万大军平定云南后，封其孙甘麻剌为元在云南的王政代表，称梁王。元末，明军进攻云南，两军对峙，第四代梁王在此驻屯练兵，梁王山从此有了人家，有了袅袅炊烟，有了悠悠牛铃，有了牧人和樵夫，有了高亢嘹亮的喊山调。

梁王山坐落在滇中小江断裂地带东部边缘，位于澄江市西北隅，距澄江县城12千米，距省会昆明40千米。

梁王山自西北向东南方倾斜延伸，东与南盘江相接，南连澄江坝子，西北与呈贡区毗邻，是抚仙湖北面、阳宗海南面的天然屏障。地势北高南低，最高海拔2820米（梁王山山顶电视塔处），最低海拔2000米（梁王河水库附近），相对高差达820米。

梁王山风景

想一想：梁王山素有"一山观四海"之称，"一山"指梁王山，"四海"指什么呢？它们是如何形成的呢？

知识链接：地理事物特征的描述方法

回忆一下，我们是如何描述人物特征的？一般情况下，描述人物特征首先从整体上描述人物的高矮胖瘦，再从局部描述人物的细节，比如眉眼大小等。实际上，描述地理事物特征的方法与描述人物特征的方法类似，关键在于寻找地理事物的描述视角。地理学是一门研究地理空间的学科，研究者要具有尺度思想。因此，描述地理事物时首先需要遵循整体与局部的思想。

地形是地表的外在形态和起伏。因此，可以从地表事物的形态、地势高低、物质组成、植被覆盖度等角度描述地形特征。

植被是一个区域植物的整体情况。换言之，一个区域存在多种植物（种群），多种植被相互关联形成群落，群落的外在表现即为植被。因此，可以从种群的数量、密度、分布等角度描述植被特征的局部情况，也可以从水平差异、垂直差异、食物链等角度描述种群的关系，还可以从覆盖度、生物量等角度描述整体情况。

土壤是地表能够生产植物的疏松表层，由水、空气、有机质、矿物质等构成。土壤的特征可以从土壤的颜色、干湿度、酸碱度、质地（矿物颗粒大小的比例关系，分壤土、黏土、沙土）等角度描述。

其他地理事物的特征也可以按照类似的方法进行描述，如气候（气温、降水）、河流（河水的流速、流量、含沙量等，以及河道的形状、深度、宽度等）。

研学活动目标

1. 感受梁王山自然环境的垂直差异，并从植被、土壤的角度举例说明梁王山在自然环境方面的垂直差异。

2. 确定"一山观四海"的观测位置，并拍照"打卡"。

3. 寻找海陆变迁的证据，结合所学知识，简要分析其原因。

研学路线：寻绿野，找踪迹（登一山，观四海，望三江）

梁王山研学路线总长近25千米，用时大约一天。沿途共设5个研学点，分别是：

实践点1：山脚（风口新村）。

任务清单：

采集植被、土壤、岩石方面的地理信息，并利用采集到的数据解释梁王山的垂直地带性，找出梁王山发生海陆变迁的证据。

实践点2：沿途自主选择海拔150米处A地。

任务清单：

采集植被、土壤、岩石方面的地理信息，并利用采集到的数据解释梁王山的垂直地带性，再次找出梁王山曾发生海陆变迁的证据。

实践点3：沿途自主选择海拔350米处B地。

任务清单：

采集植被、土壤、岩石方面的地理信息，并利用采集到的数据解释梁王山的垂直地带性，第三次寻找梁王山发生海陆变迁的证据。

实践点4：沿途自主选择海拔450米处C地。

任务清单：

采集植被、土壤、岩石方面的地理信息，并利用采集到的数据解释梁王山的垂直地带性，第四次寻找梁王山发生海陆变迁的证据。

实践点5：梁王山主峰（相对海拔618米），确定观景（一山观四海）的最佳位置。

任务清单：

采集植被、土壤、岩石方面的地理信息，并利用采集到的数据解释梁王山的垂直地带性，第五次寻找梁王山发生海陆变迁的证据。

拓展资料

（一）梁王山的土壤

风口新村海拔为2305米，该地土壤为南方地区典型的红色酸性土。站在风口新村可以直观地看见云南典型的坝子地形，人口主要分布在坝区。

梁王山红壤 　　　　　　　　　坝子

随着海拔上升，当地土壤颜色也会发生变化。梁王山土壤类型多，垂直分布明显，海拔在1800～2400米之间为红壤、紫壤交替分布地带。紫壤分布较狭，土层中或厚，呈酸性。当海拔上升到2700～2800米时，土壤多为紫壤、黑壤交替分布。

梁王山主峰附近七彩土壤 　　　梁王山海拔2635米处的土层剖面图

（二）梁王山的植被

梁王山海拔高，相对高度大，气候垂直差异明显，使梁王山蕴藏了丰富的植被资源。植物种类形成了乔木以华山松为主，分布有云南松、桤木、云南油杉、柏树、杉木、柳杉、野樱桃等；灌木以杜鹃花科植物为主，分布有箭竹、野女贞、盐肤木、金丝桃、水红木、梁王茶、杨梅、南烛、水马桑等；中

草药有半夏、茯苓、草乌、重蝼、龙胆草、野党参、芍药等上百种。

梁王山植被垂直带谱

(三) 梁王山的岩石与化石

从风口新村出发，沿着山路上行，一路上可以看见很多石灰岩，还伴随着水土流失现象留下的痕迹。随着海拔升高，在一些石灰岩上还可以看见星星点点的海洋生物化石。

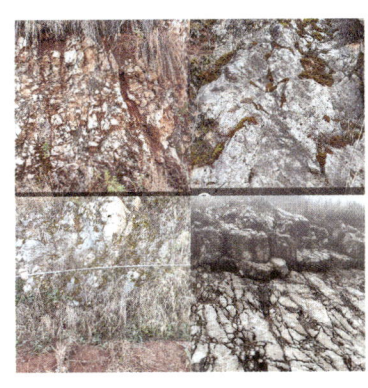

梁王山的岩石 　　　　梁王山的化石

附：山脉的形成原因

山脉的形成是一个复杂的地质过程，是多个要素综合作用的结果，主要涉及内力作用和外力作用两个方面。内力作用主要包括构造运动和岩浆活动；外力作用主要包括风、水、冰川等的侵蚀、搬运、沉积作用。

岩石性质（物质基础）：不同类型的岩石对山脉形成有重要影响。硬质岩石如花岗岩、片麻岩等能够抵抗侵蚀和风化作用，从而在构造运动中形成较为陡峭的山脉；而软质岩石如泥岩、砂岩等则容易被侵蚀和剥蚀，形成丘陵和盆地地貌。

构造运动（内力作用）：构造运动是山脉形成的主要驱动力。当地壳板块发生挤压、拉伸或错位等运动时，会引起地壳的抬升、弯曲、断裂、破裂等，进而形成山脉。这些构造运动可以是板块碰撞造山、拆解造山、断层造山等。

岩浆活动：岩浆活动也可以促进山脉的形成。当岩浆从地壳深部上涌并堆积在地表时，会形成火山和火山岩山脉。这些火山活动还可以伴随构造运动，加速地壳的抬升和形变。

风、水、冰川等的侵蚀作用：侵蚀是山脉形成的重要过程。河流、冰川、风和海洋等的侵蚀力量会削弱山脉的高度和形态，并通过物理、化学和生物作用将岩层剥离或搬运到其他地方。长期的侵蚀作用可以形成山谷、峡谷和平原。

综合考虑这些因素，我们能够更好地理解山脉的形成过程，但值得注意的是，不同山脉的形成机制可能略有差异，因而地球上的山脉多种多样。

第三节　寻脉长虫山

寻脉昆明——长虫山

文化是城市的生命和灵魂，一座有文化的城市才能展现自身独特的魅力，让人们从不同的角度了解这座城市。

1381年，即明洪武十四年。当时云南最高军事行政长官沐英请来了风水大家汪湛海主持昆明城的规划建设。汪湛海到昆明后，"审山龙，察地脉，别阴阳，定子午，就高下而奠基础，取形胜而定范围"。经过八年的时间，汪湛海利用长虫山与滇池之间的丘陵岗地和平原，把老昆明城建成一只灵动的乌龟的形状。

《大观楼长联》中的"东骧神骏，西翥灵仪，北走蜿蜒，南翔缟素"一句，即指滇池周围的四座山：金马山、碧鸡山（西山）、长虫山、白鹤山。其中，"北走蜿蜒"指长虫山。

长虫，在汉语语境里，是蛇的别称，故长虫山又名蛇山。蛇虎之类，以前都是人类的重要天敌，令人生畏，改成虫，似乎便矮化成可接近的生物，也就没那么可怕了。昆明有谚语云"长虫山，长虫山，吃昆明，屙四川"，点出了长虫山行徊曲折、伸缩起伏、蜿蜒千里的雄浑气势。

长虫山被称为昆明"龙脉"，除了因其蜿蜒的形态，还有一个原因是其喀斯特地貌在山地间裸露的石灰岩上形成的众多石芽和溶沟斑斑点点像极了"龙骨"。

知识链接

蛇，在一些中华传统文化中被视为不祥之物，又因伊甸园里的故事在西方传统文化里而形象不佳。虽然民间另有说法认为蛇是"小龙"，但无论是形象还是寓意，蛇都往往让人感到可怕。故对山峰的命名"龙"字常用，而"蛇"字用得很少，其中最有名者，当数武汉的蛇山。由于山形在长江边蜿蜒，因此被陆游命名为蛇山，从此传世。武汉蛇山于地理上的精妙之处，恰在长江对岸还有一座小山，名为龟山，两者隔江相望，合称"龟蛇锁大江"，不但形成了现代地理学意义上的奇特景观，而且暗合了中国传统风水学中"龟蛇汇、富贵地"的认知。

基于相似的风水学说，古昆明城的设计便与长虫山密切相关。

在长虫山观昆明城

想一想：长虫山作为城市山地公园，其发展受到哪些制约？

研学活动目标

1. 让学生了解长虫山的地理位置、地质地貌、气候特点和生态环境。
2. 让学生了解长虫山的历史文化背景和人文景观。
3. 培养学生的实地考察能力和团队协作精神。

研学实践一：龙脊背的秘密

研学目标：了解喀斯特地貌的形成原理和特征。

任务清单：

1. 了解喀斯特地貌的基本特征。
2. 观察地表喀斯特石芽、溶沟，记录其形态特征，与所学作比较。
3. 分析该地喀斯特地貌的成因。

长虫山石芽

研学实践二：反客为主的植被

研学目标：了解长虫山植被的多样性，感受人类活动对自然环境的影响。

任务清单：

1. 根据气候推测长虫山自然带基带的植被类型；实地考察长虫山山脚植被类型是否符合推测并分析其原因。

2. 记录在登山过程中观察到的变化。

3. 思考为何沿途有大量针叶林，以及针叶林是否符合该地自然环境特征，并讨论人类活动如何影响自然环境。

4. 记录山顶的主要植被类型并讨论其成因。

研学实践三：被带走的土壤

任务清单： 观察沿途土壤颜色、厚度的变化，思考为何有人专门收集山腰处的土壤带走。

第二章

撷秀水脉

清初孙髯翁在《大观楼长联》里有"五百里滇池奔来眼底"一句，昆明城，三面环山，南濒滇池，河流、小溪、泉水密布。昆明人临水而居，靠山而栖，有三十多条河流及众多小溪汇入滇池，它们包括盘龙江、大观河、乌龙河、金汁河、采莲河、金家河、马料河、海源河、宝象河、捞鱼河、大清河、小清河等。

第一节　撷秀河湖

高原明珠——滇池

说到昆明的河湖，首先就要说滇池。一望无际的五百里滇池为昆明人提供了赖以生存的水资源和丰富的物产，蟹屿螺洲，四围香稻，万顷晴沙，九夏芙蓉，三春杨柳。孙髯翁就是在滇池湖畔，被这灵秀的滇池所感动写下优美的长联。滇池不仅仅是一个高原湖泊，她深刻影响着昆明的地形和气候，是昆明人的母亲湖。

滇池又名昆明湖、昆明池，也称昆阳湖，有盘龙江等河流注入，湖水在西南海口泄出，又向北经螳螂川、普渡河流入金沙江，水似倒流，故名"滇池"。滇池位于昆明市西南，面积约306平方千米，海拔1886米，南北长约40千米，东西平均宽约8千米，水深平均约5.5米。

滇池是个半封闭、宽浅型的高原湖泊。四周的山体构成了滇池湖体的"模具"，大自然的鬼斧神工为滇池塑形，最后将它塑成了弯弓的形状。

想一想：滇池是怎样形成的？

知识链接

湖泊按成因可分为构造湖、火口湖、冰川湖、堰塞湖、喀斯特湖、河成湖、潟湖、风蚀湖、弓形湖和人工湖（水库）等；按泄水情况可分为排水湖和非排水湖；按湖水含盐度高低可分为淡水湖、咸水湖。湖水的来源是降水、地面径流、地下水和冰雪融水。湖水的消耗主要是蒸发、渗漏、排泄和开发利用。

研学活动目标

1. 了解滇池的位置、成因及水位变化，加深对滇池自然特征的认识。
2. 了解人们利用和治理滇池的历史与文化，培养人地协调观。

研学线路：滇池博物馆→大观楼

实践点1：滇池博物馆。

任务清单：

1. 了解滇池的形成、水位变化及自然特征。
2. 记录滇池开发利用与治理的过程。

实践点2：大观楼。

任务清单：

1. 品读《大观楼长联》，了解诗中描述的滇池景色和历史。
2. 了解大观楼的历史与文化。
3. 走到滇池边，欣赏滇池美景并观察滇池的水质。

滇池草海

滇池草海是滇池的重要组成部分，是相对于"外海"而言的一片水域，位于滇池的北部。滇池草海水域深入昆明市城区，现在的滇池草海残存海埂大坝以北的小片水域，与昆明城中的大观河、西坝河相通，水域面积约11平方千米，湖岸线周长26.5千米。由于其地理优势，滇池草海与昆明形成了"城湖一体"的自然形态，它的自然魅力被定位为昆明的"城市会客厅"，建设集生态涵养、休闲娱乐、旅游、文化创意、商贸会展为一体的高品质生态屏障区。

为了让市民更好地亲近滇池，同时充分展示春城昆明"山、水、城"相融共生的独特自然人文风貌，展现城市品质形象，昆明市启动环滇池慢行系统建设工程，串联环滇池湿地和景观。环滇池生态廊道慢行系统包括生态步道、骑行道与外围步道等3部分，依托外侧环湖公路的环滇风景道，以车行功能为主；中间的绿道主游径为5～25米，以骑行、步行为主；内侧的生态监测步道为1.5~2米，以生态监测和局部亲水为主。

滇池绿道环草海段长约23千米，这里有滇池绿道中最负盛名的"彩虹"步道，包括最美"S"湾。它是昆明市第一条采用双色透水沥青铺就的路面。蓝色步行道亲水、宁静，红色骑行道活泼、生动，从空中俯瞰就像一条漂亮的彩虹。

想一想：围湖造田会对生态环境带来什么影响呢？

知识链接

湖泊的生态功能是指湖泊在维持生态平衡、保护生态环境和提供生态服务方面所起到的作用。湖泊的生态功能主要体现在以下几个方面：首先，湖泊是生物多样性的保护区，为众多动植物提供了生存与繁衍的场所；其次，湖泊具有调节气候和水资源的功能；再次，湖泊也是重要的水资源库，为人类提供了饮用水和农业用水等重要水源；最后，湖泊的美丽景色和独特的生态环境吸引着大量的游客，因此，湖泊也是景观和旅游资源。

海埂大坝

海埂大坝位于昆明滇池国家旅游度假区观景路，坝体全长约2400米。北至永昌湿地公园，南抵海埂公园，背靠海埂会堂，面迎西山"睡美人"，水天一色、风光旖旎。每年10月至次年3月，大坝总会迎来西伯利亚的候鸟红嘴鸥和各地的大量游客，人与自然的和谐成为昆明的名片。

海埂大坝自从诞生那天起，就一直是云南昆明的标志性景点。2010年，在广大市民和海内外游客投票评选的"昆明最佳观鸥点"中，观景大坝荣登榜首。在这里，春可看滇池波光，夏可纳凉爽微风，秋可拍风帆点点，冬可赏鸥欢人和，由此，海埂大坝已成为省内外游客享蓝天白云、红嘴鸥迁徙越冬的乐园,是春城的一道靓丽窗口。

海埂大坝景色

环滇湿地

湿地被誉为"地球之肾",对于有三百多万年历史的半封闭型高原湖泊滇池来说,湿地也是维系这个湖泊生态环境及生物多样性的"肾脏"。自2008年以来,昆明市推进滇池湿地建设,建成以湖滨湿地为主的滇池环湖生态带6.29万亩,在滇池历史上首次实现"湖进人退"。一条平均宽度约200米、植被覆盖率超过80%的闭合生态带,犹如一条由绿宝石串联而成的项链,把滇池装点得生机勃勃。

宝丰半岛湿地公园

宝丰半岛湿地公园位于官渡区滇池东岸,占地总面积1633.8亩,其中生物多样性核心展示区占地286亩,是2021年10月11—15日联合国《生物多样性公约》缔约方大会第十五次会议(CBD COP15)的室外展示地之一,主要展示本土动植物群落构建与恢复、农田生物多样性提升等成果,成为向世界展现云南风姿、中国风采的重要窗口之一。

宝丰半岛湿地恢复与展示了云南特有的湿生肋果茶群落、滇池原生沉水植物群落等12个植物群落;采取了恢复光滩、草灌丛、林带等多样生境和丰富食源等方式招引以涉禽为主的滇池原生鸟类(主要目标种为红嘴鸥、骨顶

鸡、家燕、树麻雀、黄臀鹎等）；通过人工繁殖和种苗投放的方式，人工引导恢复滇池特有鱼类，主要为中华倒刺鲃、滇池金线鲃、昆明裂腹鱼、云南光唇鱼；结合水底地形塑造恢复和展示滇池特有底栖动物、无齿蚌及螺类等的栖息环境；对农田进行生态化改造，连通农田生物廊道，提升农田生物多样性。

宝丰半岛湿地生态展示区

以自然之道，养万物之生。"趁蟹屿螺洲，梳裹就风鬟雾鬓；更苹天苇地，点缀些翠羽丹霞，莫辜负：四围香稻，万顷晴沙，九夏芙蓉，三春杨柳。"著名的《大观楼长联》中描述的滇池独特的人文风光与自然景观在宝丰半岛湿地得以重现，完美呈现着人与自然和谐发展的美丽蓝图。

想一想：环绕滇池的湿地公园有什么生态价值？

知识链接

湿地公园是指天然或人工形成，具有湿地生态功能和典型特征，以生态保护、科普教育和休闲游憩为主要内容，以湿地良好生态环境和多样化湿地景观资源为基础，以湿地的科普宣教、湿地功能利用、弘扬湿地文化等为主题，并建有一定规模的旅游休闲设施，可供人们旅游观光、休闲娱乐的生态型主题公园。

研学活动目标

1. 行走步道，观察周边自然地理环境特征，培养对自然美的欣赏能力。
2. 了解湿地生态系统的特点、组成和重要性，培养保护河湖和湿地的意识。
3. 了解新技术在湿地生态保护和修复中的作用，培养创新能力。

研学路线： 草海步道→海埂大坝→宝丰湿地公园

实践点1：草海步道。

任务清单：

1. 说说在草海沿岸修建步道的意义。
2. 举例说明步道周围的文化景观功能。
3. 试推测步道周围的住宅区房价与昆明市区房价高低，并说明理由。

实践点2：海埂大坝。

任务清单：

1. 在海埂大坝上瞭望西山龙门陡崖，绘制陡崖等高线图或素描图。
2. 选择合适的时间在大坝上与海鸥嬉戏，以海鸥为例说出自然环境整体性的特征。

实践点3：宝丰湿地公园。

任务清单：

1. 观察并了解宝丰湿地公园内主要的植物和动物。
2. 说说宝丰湿地公园保护和修复生态的措施及主要技术。
3. 设计一个调查草海水域水质状况或宝丰湿地公园水质状况的方案。

滇池日落——海晏村

日落西山头，人约黄昏后。在滇池边追逐一场温暖而浪漫的日落，最佳观赏点就是呈贡区海晏村。海晏村得名自古语"河清海晏"，取自唐代郑锡的《日中有王子赋》中："河清海晏，时和岁丰。"海晏村隶属昆明市呈贡区大渔街道，面朝滇池，是昆明的一个古渔村。历史上的海晏村，一度是滇池畔最为繁忙热闹的码头之一。2016年，海晏村被列为昆明市第一个历史村镇，几乎是昆明老式建筑保存最完整的村子，整条老街的两边都是老旧的土坯房和砖房。

海晏村码头　　　　　　　　　　海晏村传统民居

想一想：在滇池边观赏日落景观，夏季和冬季的日落方位和时间有何差异呢？

知识链接

太阳周日视运动是由于地球自西向东自转，使位于地球上的人觉得太阳每天从东方升起，在西方落下的表观运动现象。一年四季，太阳并不是正东升起正西落下。以北半球中高纬度为例，冬半年，太阳从东南方向升起，向西南方向落下，正午太阳位于南部天空；夏半年，太阳从东北方向升起，向西北方向落下，正午太阳位于南部天空。一年中只有春分日、秋分日太阳从正东升起、正西落下。

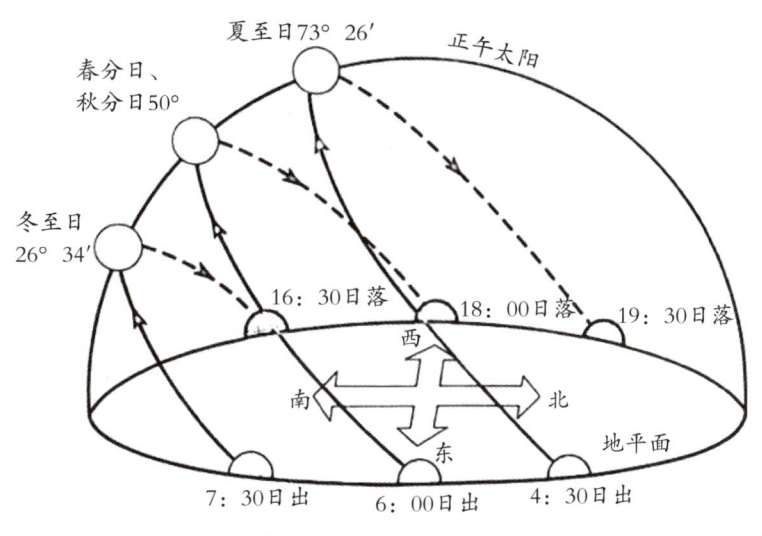

北纬40°地区日出日落方位图

> **研学活动目标**

1. 通过观察不同季节的日出和日落方位，进行简单的方向判别。
2. 通过云南传统民居——"一颗印"的建筑特色和发展历史，感受传统民居蕴含的地域文化。
3. 了解滇池边小渔村的发展历史，为乡村振兴提出合理的建议。

研学路线：乌龙古渔村→海晏村

实践点1：乌龙古渔村。

任务清单：

1. 观察乌龙古渔村房屋建筑特色，说明其蕴含的地域文化。
2. 以乌龙古渔村为例，为古村落的保护和开发提出合理的建议。

实践点2：海晏村。

任务清单：

1. 选择合适的时间在海晏村观赏日落，说出日落方位。
2. 寻找海晏村古老民居屋顶残留的"瓦猫"，了解"瓦猫"的来历和作用。
3. 说说海晏村成为滇池日落网红"打卡点"带来的影响。

春城之眼——翠湖

位于云南省昆明市五华区闹市中的翠湖，被誉为"春城的眼睛"。因其八面水翠，四季竹翠，春夏柳翠，故得名。"十亩荷花鱼世界，半城杨柳抚楼台"，翠湖还被誉为镶嵌在昆明城的"绿宝石"。元代以前，滇池水位高，这里还属于城外的小湖湾，多稻田、菜园、莲池，故称"菜海子"。李专《菜海行》诗中说："昆明池水三百里，菜海与之为一体。菡萏之国蛟龙窟……"翠湖涌出之泉水，直接注入滇池。因东北面有九股泉，汇流成池，又名"九龙池"。至民国初年，改辟为园，园内遍植柳树，湖内多种荷花，始有"翠湖"美称。

"翠湖"占地315亩，水面就占了225亩。两道长长的柳堤呈"十"字交会于园心，把全湖分而为四。南北横堤叫"阮堤"，是道光年间云南总督阮元仿西湖"苏堤"美韵修筑；东西纵堤叫"唐堤"，于民国年间修建。两堤交接处，是湖心小岛，以湖心亭为主轴，构成中心游区。湖心亭又叫"碧漪亭"，亭阁飞檐黄瓦，亭内有前后两个内院，为各种展览举办之地。亭西侧有建于嘉庆年间的莲华禅院和放生池，是有名的"濠上观鱼"处，如今禅院变为游艺宫，"放生池"成了一座水上园林；西北角有"来爽楼"，设有溜冰场；西南角是"葫芦岛"，棕榈挺拔；东南角有一个由三个半岛连成的大花园"水月轩"，花木繁盛；东北角有"知春亭"，逢节便有人聚此对唱山歌，别有一番情趣。

翠湖泛舟

如今的翠湖之美，又增添了雪白的红嘴鸥。从每年11月到次年3月，成群的红嘴鸥从遥远的北方飞到这儿过冬，一年一度，从不间断。"翠湖观鸥"已成为昆明热门的景观之一。

翠湖观鸥

"一池翠湖水，半部昆明史。"自元代以来，翠湖留下了丰富的历史人文遗迹，周边有文物保护单位39处，柳营洗马、阮堤、唐堤、经正书院、史语研究所……翠湖深厚的文化底蕴，让人流连忘返。

翠湖西岸屹立着一排高大雄伟的米黄色建筑——创办于1909年的云南陆军讲武堂，它历经百年沧桑，雄风依旧，是目前国内保存最完整、历史最悠久的著名中国近代军事院校遗址。这里曾走出了朱德、叶剑英、周保中等三百多名将帅，为国家独立和民族解放作出了不可磨灭的贡献，朱德元帅称其为"革命熔炉"。

云南陆军讲武堂遗址

在翠湖东岸的树荫之中，有两栋法式庭院别墅，如今是云南起义纪念馆和云南解放纪念馆。两馆采取场景复原、实物资料和展板相结合的形式，再现了云南起义惊心动魄的经过，展现了云南解放波澜壮阔的全过程。

云南起义纪念馆

云南解放纪念馆

从云南起义纪念馆后面走上山坡，进入华山西路红花巷中，朱德旧居纪念馆便跃入眼帘。朱德旧居纪念馆内的陈列展览，以图片和文字的形式生动地展示了20世纪20年代朱德在云南的军事革命历程。

翠湖的北方是云南大学校园，在与云南大学一街之隔的云南师范大学一二·一西南联大校区内，则有著名的西南联大旧址和"一二·一"运动四烈士墓。在旧址建立的西南联大博物馆是全国有关"一二·一"运动及西南

联大图片资料最多、最集中的展馆，其所承载的联大精神，是以爱国主义为核心的民族精神的典型。

西南联大旧址

翠湖以南不远的云瑞西路旁，是云南抗战胜利纪念堂博物馆。它展示了云南人民革命斗争的历史。而云南抗战胜利纪念堂博物馆正门前面，是老建筑林立的甬道街，街中一栋小木楼便是聂耳故居，聂耳的童年在这里度过。在此故居修建的聂耳故居纪念馆，以人民音乐家聂耳的生平为主线，展示了聂耳的成长足迹和音乐艺术造诣。

云南抗战胜利纪念堂博物馆

翠湖博物馆群是依托翠湖周边多个文物建筑建成的博物馆群落，涵盖历史名人、文化教育、城市变迁等多个展览主题，立体展示了昆明的悠久

历史和深厚人文，体现了文旅的深度融合，也体现了昆明社会经济和文博事业发展的成果。

想一想：滇池面积大于翠湖，却称作"池"，你还知道我国其他地区湖泊的独特叫法吗？

知识链接

我国地域辽阔，境内湖泊众多，我们会以某湖或某泊来称呼湖泊，但有些湖泊会因为所在地的少数民族语言或不同风俗习惯而有了不同的名字。以"错"为结尾的湖泊大多位于西藏自治区，因为在藏语中"错"就是湖泊的意思。"淖尔"在蒙古语当中也被译为湖泊，因而在内蒙古自治区等地通常以"淖尔"为尾缀对湖泊进行命名。以"海"命名的湖泊面积并非都很大，例如洱海的面积小于滇池，还有北京的什刹海、北海等面积都不大却被称为"海"，这种叫法可以追溯到元代。元代的统治者是蒙古族，而蒙古族兴起于茫茫大漠和草原中，非常缺乏水源的他们到了北京后，发现城内有一大片湖泊，觉得十分珍贵，于是就以"海"为其命名。

研学活动目标

1. 从地理视角去观察和欣赏翠湖的自然美和人文美，提高对自然景观和人文景观的欣赏水平。

2. 走进翠湖周边博物馆，了解昆明的悠久历史和深厚人文底蕴，加强对文化的认同和传承。

研学路线： 翠湖公园→云南陆军讲武堂→云南师范大学

实践点1： 翠湖公园。

任务清单：

1. 在两道长长的柳堤上漫步，在湖心亭中欣赏翠湖风景，体会观景的角度。
2. 了解翠湖的人文历史，感受其文化底蕴。
3. 通过观察记录，尝试绘制一幅简单的翠湖景观导览平面图。

实践点2：云南陆军讲武堂。

任务清单：

1. 参观云南陆军讲武堂，了解其文化历史。

2. 结合历史知识，讲述云南抗战的历史故事。

实践点3：云南师范大学。

任务清单：

1. 参观西南联大旧址，了解战火硝烟中的西南联大历史和联大精神。

2. 参观云南师范大学校园，观察其校园内部功能区布局，并了解其校园文化。

"新翠湖"——洛龙湖

洛龙湖位于昆明呈贡区洛羊街道，以洛龙河为源头，人工开挖改造拓宽，河水从东北角的"三龙会"流入形成湖泊，再从西南面的黄石滩流出，不仅为城市增加了美丽的湖景，还成为洛龙河河道泄洪区的功能湖。湖面面积两百多亩，清澈的湖水，倒映着蓝天白云，犹如一方碧玉。同时，围绕湖泊修建的洛龙公园，占地面积一千多亩。湖泊与周围的山、石、树木等统一和谐、融为一体，达到"虽由人作，宛自天开"的效果，成为市民休闲娱乐的好去处。清幽的景色，加上冬季红嘴鸥的到来及游客的增多，洛龙湖被誉为昆明的"新翠湖"。

洛龙湖景色

想一想：洛龙湖水位的季节变化有何特点？

知识链接

呈贡区气候宜人，属低纬度高原季风气候，光照充足，冬无严寒，夏无酷暑，气候温和。

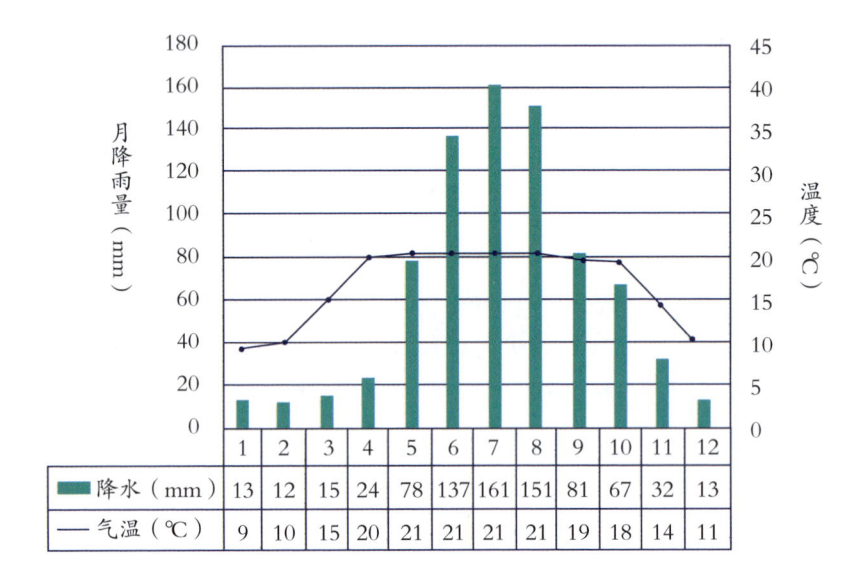

	1	2	3	4	5	6	7	8	9	10	11	12
降水（mm）	13	12	15	24	78	137	161	151	81	67	32	13
气温（℃）	9	10	15	20	21	21	21	21	19	18	14	11

呈贡区气温曲线图和降水柱状图

瑰丽——阳宗海

阳宗海是云南九大高原湖泊之一，位于东经102°5′～103°02′，北纬24°51′～24°58′之间，距昆明36千米，地跨澄江、呈贡、宜良，湖面呈纺锤形，两头宽，中部略窄，海拔1770米，南北长约12千米，东西宽约3千米，湖面积约31.49平方千米，属于珠江流域南盘江水系。阳宗海总库容约6.16亿立方米，流域面积192平方千米（汤池水文站以上），属于昆明市境内的水面面积约20平方千米（其中宜良县14平方千米，呈贡区6平方千米），湖岸线长约32.3千米。入湖水源主要有阳宗大河、摆依河、七星河、鲁溪冲河等，汤池渠为唯一出口河道，湖东西两岸平直陡峭，南北两侧有耕地分布。

阳宗海流域各主要河流流域特征表

河名	面积（m²）	河长（km）
阳宗大河	64.45	12.92
摆依河	94.00	19.06
七星河	14.40	6.37
鲁溪冲河	8.18	5.1

阳宗海古称大泽、奕休湖，明代又称明湖，阳宗海是因驻地而得名的。阳宗海属成湖较晚的幼年湖，为高原断陷湖泊，湖内盛产金线鱼，湖水主要来自周围汤泉河及雨水聚积。阳宗海流域5~10月降水量占全年降水量的86%左右，汛期6~8月降水量占全年降水量的57%，占整个汛期的66%。阳宗海流域径流主要来自大气降水，总体表现为夏季丰水、冬季枯水、春秋季过渡的形式。

1997年，阳宗海污染最为严重，水体中的氮磷浓度水平已超标，超过了富营养化警戒线水平。阳宗海污染以生活污染和面源污染为主要特征，主要接纳附近村镇、开发区的生活污水及阳宗海电厂的部分冷却循环水。1997—2001年期间对阳宗海采取了取缔网箱养鱼、机动船等污染控制措施，在电源方面：阳宗海发电厂进行了设备的投资改造，使电厂排入阳宗海的水质有很大改善。在面源方面：实施了环湖截污工程，北岸环湖截污基本完成，北岸的生活污水不进入湖内，有效地控制了阳宗海富营养化进程。2015年12月，阳宗海环湖截污项目启动。在阳宗海取水口半径300米范围内设立水源保护区，在阳宗海水域与陆域交汇处和阳宗大河入口、七星河入口、摆衣河入口设立湿地处理保护区，在阳宗海流域的山体上设立水土涵养区，在阳宗海流域及引水流域区内的村镇和项目所在地设立污水收集区，确保阳宗海水质持续好转。

治理后的阳宗海

想一想：城市湖泊面临哪些问题？

知识链接

　　由于城市化进程中人们生活、工业、农业等各个方面的进步，大量的废水排入湖泊系统，造成水质污染，包括化学物质污染、重金属污染、有机物污染等，对生物和人类健康都会造成危害。同时，湖泊中的营养物质过量，会导致水体富营养化。水体富营养化不仅会引发藻类过度繁殖，形成赤潮，还会导致水质恶化，深层水体缺氧，造成大量鱼类和其他水生生物死亡。此外，为了满足土地开发的需求，湖泊的面积不断缩减。湖泊面积缩小不仅破坏了湖泊生态系统的完整性，还削弱了城市的气温调整和雨水蓄积功能。

第二节　亲水潋滟

"波光潋滟三千顷，莽莽群山抱古城。"古诗《昆明行记》这样形容春城山水。作为高原淡水湖泊的代表，滇池流域水系发达，常年汇入滇池的河流有35条，包括：盘龙江、新运粮河、老运粮河、乌龙河、大观河、西坝河、船房河、采莲河、金家河、老盘龙江、金汁河、枧槽河、大清河（含明通河）、东白沙河（海河）、六甲宝象河、小清河、五甲宝象河、虾坝河、姚安河、老宝象河、宝象河（新宝象河）、广普大沟、马料河、洛龙河、捞鱼河（含梁王河）、南冲河、大河（淤泥河）、柴河、白鱼河、茨巷河、东大河、中河（护城河）、古城河、牧羊河、冷水河。在昆明，以盘龙江、金汁河、银汁河、海源河、宝象河、马料河等六条河流较为著名，被称为昆明"古六河"。

昆明的母亲河——盘龙江

盘龙江又名滇池河，是流入滇池的最大水系，属金沙江一级支流普渡河上源，是昆明为数不多的河流之一。盘龙江最早载于元孙大亨所撰《建大德桥碑记》："去城之东百举武，有江横绝，曰盘龙，正北八十里许，屈偿、昧样、邵三甸凡九十九泉，混混然与诸涧会而为一，乃其源也。蜿蜒滂湃，南入于滇池。"雍正八年（1730年），云南粮储水利道副使黄士杰负责疏浚滇池海口及昆明"古六河"。清末文人陈荣昌有对联曰："踞盘龙宝象上流为霖为雨，溉金马碧鸡全境利物利民。"盘龙江九转十八弯，如一条虬盘在昆明土地上的卧龙，她蜿蜒的河水养育了河流两岸的人民，哺育了西南边陲的高原明珠，被誉为昆明市的"母亲河"。

盘龙江东流穿蟠龙桥、三家村至松华坝水库，松华坝以下进入滇池盆

地，由北向南纵穿昆明市主城区，经上坝、中坝、雨树村、落索坡、浪口、北仓等村，穿霖雨桥，经金刀营、张家营等村进入昆明市区，过通济、敷润、南太、宝尚、得胜、双龙桥至老螺蛳湾村出市区，经官渡区南窑川南坝走陈家营、张家庙、严家村、梁家村、金家村至洪家村流入滇池。从其主源到滇池全长95.3千米，径流面积903平方千米，多年平均年径流量3.57亿立方米，河道流域高程为1890～2280米，径流面积最宽处为23千米，最窄处为7.3千米，多年平均径流0.53亿立方米。

想一想：为什么称盘龙江为"江"而不是"河"？

知识链接："江"与"河"之间，到底有什么区别呢？

1. 江与河区别在于地域上。我国南方的河流多称为"江"，如长江、怒江、金沙江、嘉陵江、漓江、丽江等；而在我国北方则多称为河，如黄河、海河、淮河、渭河、泾河、清河、辽河、饮马河等。可见，南方人习惯把流域称为江，北方人习惯把流域称为河。南方和北方的差异，是形成江河区分的一个重要原因。

2. 江与河的区别还体现在规模上。人们对河流的命名还体现在河流大小的区别之上，有大江小河的说法。例如，北方的鸭绿江、乌苏里江、松花江、嫩江，在北方，这些河流的长度、流量、流域、规模都是相对较大的，所以即便在北方也称为江；相反，在南方，如浏阳河，在长度、流量、流域、规模上都是比较小的，所以即便是在南方也称为河。

综上所述，在我国江和河是两个不太一样的概念：水量丰富、季节变化较小、流入外海的河流一般叫"江"，比如长江、珠江、黑龙江；反之，水量匮乏、季节变化大甚至冬春季节经常断流、流入内海或者湖泊的河流一般叫"河"，比如黄河、辽河、塔里木河。

黄士杰所著《盘龙江图说》载："盘龙江在会城东北，来自嵩明州邵甸里。其源有三：一自黄龙洞，流百里；一自黑龙潭；一自冷水洞；各流二十里。至三家村入石峡，合流三十里至松华坝。"其后所编的雍正《云南通志》亦载："盘龙江，在城东，源出嵩明州牧羊水，南流六十余里至甸南，汇旧邵甸县龙潭河，蜿蜒二十余里至松华山。"参照现代调查，黄龙洞所出牧羊水为正源，在"甸南"汇合冷水洞所出龙潭河后称盘龙江。

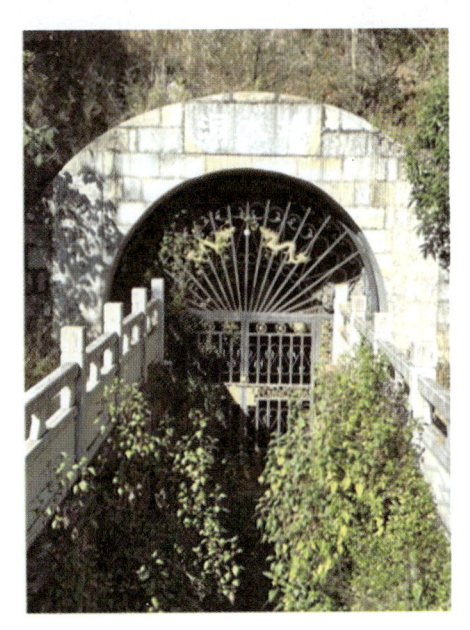

冷水河源头（2020年8月）　　　　冷水河源头（2023年11月）

盘江之源——"昆明头上一碗水"

盘龙江的主源牧羊河起于嵩明县梁王山北麓的喳啦箐白沙坡，长54千米，流经阿子营、狮子山与冷水河汇合。冷水河源头在嵩明县龙马箐冷水洞，穿白邑坝子、甸尾峡谷，长29.4千米。牧羊河与冷水河在官渡区小河村岔河嘴汇合后始称盘龙江。

冷水河沿岸景观（中所村段）

想一想：溯本正源——河流源头的确定原则是什么？

知识链接

如何确定河流的正源？国内外的学术界目前尚未就此取得共识，各家的主张归纳起来大致有以下几种：

1. 河源唯远，即以河流最长者为主流，以距离入海口最远的出水地为源头。与水量相比，河流的长度是一个稳定、可靠，而且可以进行重复测算的指标，一条大河的源头是这条河的整个流域中最长的支流对应的源头，而且这个源头应该一年四季都有水。一般来说，秋季为枯水季，如果秋季还有水流出，则可以说明这个源头一年四季都有水。

2. 水量唯大，即以河流水量最大者为主流，对河流补水最多、贡献最大的出水地为源头。有水才能称为"源"，对河流水量贡献最大的才能称为正源。所以从理论上讲，我们应该按照流量来确定源头，即"水量唯大"。

3. 历史习惯，即尊重人们长期形成的习惯，不轻易变更历史上既定的正源。

4. 与主流方向一致，即以上游汇入的诸河流中与下游干流流向较为一致者为源头。

此外，尚有以流域面积、河谷发育期的早晚及源头的海拔高程等作为定源准则的各种主张。在现实中，同时满足上述所有标准的河流源头是不存在的，需要对这些标准有所侧重或选择。

· 36 ·

冷水河流域断层发育，源头附近有较多的石灰岩出露，溶洞和地下暗河发育较多，泉水出露地表。受降水季节变化影响，夏秋季节以降水补给为主，冬春季节地下水对河流的补给十分重要。青龙潭是白邑最北边的龙潭，向南流2千米左右，又与滇源出水量最大的黑龙潭（松华坝水库回水线上5千米处）泉水汇合。由北向南，从青龙潭（白邑村）发源，途经黑龙潭（龙潭营村）、黄龙潭（小营村）、白龙潭（皮家营村），冷水河从坝子正中间纵贯而过，汇集各龙潭泉水，与松华坝水库连接起来，如一条锦织的飘带。

青龙寺

青龙潭泉眼（2023年11月，位置高的部分泉眼干涸）

黑龙潭泉眼、井、渠

白龙潭泉眼

黄龙潭泉眼、渠

石栏杆镶砌的龙潭冒着汩汩清泉，汇入盘龙江源头冷水河，一路携珠裹玉向南。古树参天、翠竹掩映、泉水奔涌、白浪轻漾，湿润的空气里弥漫着草木泥土的清香，高大的柏树翠绿一片，美妙的景致养眼更养心，行走其间，让人心旷神怡，神清气爽。

想一想： 昆明气候特征对河流水量的影响。

知识链接

昆明地区的气候属北半球低纬度亚热带季风气候，受到印度洋西南暖湿气流影响，气候有四季如春的特点。区内气候主要表现为：①春季温暖，蒸发非常旺盛，干燥而少雨，日夜温差较大；②夏季温度适宜，雨量较为集中，占全年降水量的60%以上；③秋季气候凉爽，雨水较少，空气较为干燥，气温较春季低1℃~2℃；④冬季天晴少雨，日照充分；⑤全年降水量干、湿两季分明，5月至10月为雨季，降雨量占全年的87%，11月至次年4月为旱季，降雨量仅占全年的13%。据中央气象台网站1951—2007年气象数据显示，研究区多年平均降雨量为1011毫米，多年月平均降雨量最大为8月份204毫米，最小为12月份11.3毫米。

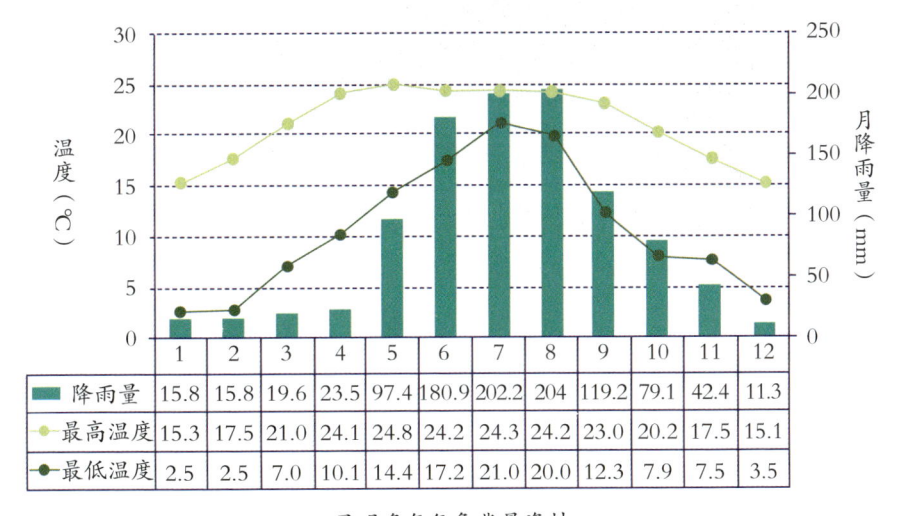

	1	2	3	4	5	6	7	8	9	10	11	12
降雨量	15.8	15.8	19.6	23.5	97.4	180.9	202.2	204	119.2	79.1	42.4	11.3
最高温度	15.3	17.5	21.0	24.1	24.8	24.5	24.3	24.2	23.0	20.2	17.5	15.1
最低温度	2.5	2.5	7.0	10.1	14.4	17.2	21.0	20.0	12.3	7.9	7.5	3.5

昆明多年气象背景资料

昆明区域为滇中高原的一部分，地形复杂，起伏明显，深受地质构造影响。总体地势北高南低、东高西低。全区最高标高位于南侧梁王山，海拔2800米左右，最低为滇池，水位海拔1890米左右。一般标高1900～2300米。区内大部分区域如昆明盆地、呈贡等相对高差小于400米。当地是地下水的主要活动区，同时该区主要受到盆地东北侧岩溶水系补给。

冷水洞地下河出口（2020年8月）

冷水洞地下河出口（2023年11月）

想一想：河流的补给方式有哪些？

知识链接

1. 雨水补给：雨水补给河流迅速而集中，具有不连续性。河流流量过程线随着降雨量的增减而涨落，呈现锯齿形尖峰。我国大部分地区处在东亚季风区内，雨量的年内分配极不均匀，主要集中在夏秋两季，年际变化也大，因而河川径流的季节分配不均，各年水量很不稳定，丰枯变化悬殊。同时，由于降雨集中，冲刷地表，所以河流含沙量往往较大。

2. 季节性积雪融水补给：汛期多出现在春季或初夏，春季气温回升，形成春汛，河流径流量年际变化较小，季节变化较大。其补给水量的多少及其变化，与流域积雪量和气温变化有关。由于气温具有缓慢连续变化的特点，因而河流流量过程线的变化也比较稳定平缓，补给过程基本上是连续的。

3. 高山冰雪融水补给：高山冰雪融水补给河流水量的多少与变化，与流域内冰川、永久积雪贮量的大小和气温的变化密切相关。夏季气温最高——夏汛（冬季气温在0℃以下，河流出现断流），河流径流量小，径流量年际变化较小，季节变化较大。

4. 地下水补给：地下水是河流水量可靠而普通的补给来源。我国冬季降水稀少，河流在冬季几乎全靠地下水补给。西南广大喀斯特地区，暗河、明流交替出现，为特殊的地下水补给区。

5. 湖泊水补给：有些河流发源于湖泊，有些湖泊汇集了上游的河水又转而补给下游的河流。湖泊对湖泊以下河段有削峰补枯的作用。

研学活动目标

1. 通过实地考察和观察，了解盘龙江的自然环境，包括河流的起源、流域、补给方式等水文特征等。

2. 通过采集不同河段水体样本，联合生物、化学等学科开展实验研究活动，观察、测试水体pH值、透明度等，增强实践能力和动手能力。

3. 通过研学活动，了解盘龙江流域地域文化的特色和传承方式。

研学路线：青龙潭公园—黑龙潭公园—白龙潭公园

实践点1：青龙潭公园。

任务清单：

1. 采集水体样本并编号。

2. 用pH试纸测量样本水的酸碱度，并记录相关信息。

3. 观察记录泉水出露点附近的地形、岩石、土壤、植被状况。

4. 观察青龙宫、古戏台、碑刻等遗迹，了解与水相关的地域文化。

青龙宫　　　　　　　　古戏台　　　　　　　　碑刻

实践点2： 黑龙潭公园（云南丰泽源植物园）。

任务清单：

1. 采集水体样本并编号。

2. 用容器装置取适量井水，带回家煮沸后饮用，感受泉水的甘甜。

3. 通过抽取一定量的井水，观察井水水位的变化过程。

4. 观察记录泉水出露点、北潭、南潭、井水的补给关系，判断渠水的流动方向。

5. 观察黑龙宫、古戏台、名人碑刻等遗迹，了解水文化和佛教、道教的宗教文化。

6. 观察龙潭水体里的海菜花、云南金线鲃等珍稀物种，观察植物园珙桐、山茶、杉树、槭树、棕榈、苏铁等植物，了解黑龙潭作为珍稀名贵花木种苗种质基地、云南珍稀濒危植物保护基地、植物学科研科普基地、昆明市水资源保护教育基地、爱国主义教育基地的深刻意义。

黑龙宫　　　　　　　　光绪皇帝御笔"盘江昭佑"匾

飞檐精雕的古戏楼

徐霞客雕像　　　　　　　　　徐霞客游黑龙潭日记

实践点3：白龙潭公园。

任务清单：

1. 走访公园周边的居民，了解居民的生活用水和生产用水的来源。

2. 通过观察几个龙潭，深刻理解因水而生、因水而美、因水而兴、爱水亲水、恋水依水、治水用水的"龙水文化"的特质。

白邑坝子——福人居福地，福地福人居

　　冷水河地处滇源街道办事处，20世纪80年代，为加强昆明饮用水管护，白邑被列为昆明市松华坝水源保护区；2006年，白邑乡、大哨乡两乡"撤乡并镇"后改称滇源镇，取滇池水源头之意；2009年，为进一步加强对"昆明头上一碗水"的保护力度，滇源从嵩明县管辖转为由盘龙区托管；2011年由滇源镇改称滇源街道办事处；2017年12月13日，滇源街道行政区划正式归盘龙区管辖。当地人祖祖辈辈习惯称其为"白邑"，更老一辈的人称之为"邵甸坝子"。此地居住着汉、回、苗、彝等8个民族共4万余人，是昆明市重点饮用水源点、松华坝水源保护区。

"邵甸"的称呼在滇源街道随处可见

团结村回族村落

"白邑坝子"（民间也称"邵甸坝子"）是位于昆明城区北部的一个面积很大的坝子，四周被群山包围，多有清泉从地下涌出，云南人将山泉的出水地称为龙潭，因此白邑有很多叫作"龙潭"的地方，如青龙潭、黑龙潭、白龙潭、黄龙潭等。青龙潭是盘龙江上游冷水河的源头，被誉为"盘江之源"，出水口处被叫作冷水洞。

想一想：云贵高原发展"坝子农业"的有利自然条件有哪些？

知识链接

"坝子"是我国云贵高原上局部平原地区的名称，是指山区或丘陵地带局部平原（直径在10千米以下）的地方。主要分布于山间盆地、河谷沿岸和山麓地带。坝上地势平坦，气候温和，土壤肥沃，灌溉便利，是云贵高原上农业兴盛、人口稠密的经济中心。云南省约有一千多个坝子，坝子的耕地面积占全省耕地面积的三分之一以上。

研学活动目标

1. 通过采集不同河段水体样本，结合生物、化学等学科知识开展实验研究活动，观察、测试水体pH值、透明度等，增强实践能力和动手能力。

2. 通过实地观察，了解昆明水源保护地的相关政策、措施。

3. 通过研学活动，了解盘龙江流域地域文化的特色和传承方式。

研学路线：白邑坝子（"邵甸坝子"）

实践点：白邑坝子。

任务清单：

1. 运用Goole Earth，结合实地观察，理解"坝子"概念。

2. 观察河流沿岸良田的用途，感受白邑坝子居民为了保护水源作出的努力。

3. 观察聚落、公路的分布与河流、地形的关系，理解中国人用田、用地、用水的智慧。

4. 走村串巷，观察本地建筑的特点与自然环境的关系，了解居民点在水源保护方面还有哪些改进的空间及改进措施。

5. 向村民了解滇源的历史、水源保护意识的传承（当地居民世代口口相传并践行不砍龙潭周围一棵树的古训）。

白邑坝子以前的农田、鱼塘等经植树造林变成永久林地以保护水源

冷水河沿岸的铁栅栏

国家地下水水质监测站

盘江之补——牛栏江引水工程

牛栏江—滇池补水工程开山凿洞，穿山越岭，冲破重重阻力，将牛栏江德泽水库蓄水引入盘龙江，来到盘龙江上游的竹园村后一分为二，一股是应急备用水源，每天可为昆明市输送30万立方米的优质水源，另一股水则通过昆明瀑布公园九龙广场下的9个方形出水口涌进公园上湖，稍作停留，就迫不及待以大瀑布的形式跌入公园下湖，再流入盘龙江。以盘龙江为清水通道将水引入滇池。工程多年平均设计引水量5.72亿万立方米，通过盘龙江向滇池补水5.66亿万立方米，于2013年9月25日实现全线通水，投

入试运行。该工程是滇池流域水环境综合治理六大工程措施中的关键性工程，在实施环湖截污、入湖河道整治等综合治理措施的基础上，向滇池补充生态水量，可有效提升滇池水资源总量和提高水环境容量，加快湖泊水体循环和交换，对于治理滇池水污染、改善滇池水环境具有十分重要的作用，同时，也会使盘龙江水体质量得到极大改善。

瀑布公园以北的盘龙江河道中的水量不多、水质清澈，是从松华坝水库中流出的水。作为昆明城市供水的水源地，松华坝水库不会向盘龙江大量放水，所以这一段河道中的水量较少，很多河段已长出了青草、芦苇等，只有一道小溪潺潺流过，有的河段甚至出现断流。

盘龙江与瀑布公园汇合处
（摄于2023年12月）

盘龙江流出瀑布公园
（摄于2023年12月）

从牛栏江引来的水在瀑布公园人工湖汇集，经过沉降、增氧、沉淀等过程后与盘龙江上游的较小水量汇合，进入盘龙江河道向南流淌，贯穿昆明城区，最终汇入滇池。

项目建成后，作为昆明城市应急供水水源，在昆明市出现干旱缺水等极端枯水年，可每天向城市应急供水30万立方米。

昆明瀑布公园，位于云南昆明北部山水新区，系举世瞩目牛栏江—滇池补水工程入滇水口。瀑布公园充分利用出水口和盘龙江12.5米的自然落差，建造了高约12.5米、宽约400米的人工瀑布，对牛栏江来水进行曝气、增氧、削减污染、沉淀泥沙，改善牛栏江来水水质，被称为"亚洲第一大人工瀑布公园"。昆明瀑布公园是集引水通道、城市防洪、水质改善、河道整治、城市供水、景观提升等多功能于一体的综合设施建设项目。

昆明瀑布公园

研学路线： 昆明瀑布公园

实践点： 昆明湖融城臻园小区。

任务清单：

1. 走进昆明湖融城臻园小区居民楼，找靠近瀑布公园一侧的高楼，远眺瀑布公园，并以电子地图为辅，直观感受地理事物的方位。

2. 漫步瀑布公园，感受瀑布周围的温度、湿度，从自然地理环境整体性的维度推测要素之间的相互作用。

3. 查阅资料，分析瀑布公园对盘龙江的水量补给、水质等的影响。

4. 瀑布公园的景观设计与周围生态环境相得益彰，请从历史文化、自然环境、浮雕设计等方面举例说明。

想一想： 昆明有哪些跨流域调水工程？

知识链接： 牛栏江引水工程的必要性

1. 解决滇池水污染问题：滇池是云南省最大的淡水湖，近年来由于工农业和生活污水的大量排放，水质受到严重污染。牛栏江引水工程可以将牛栏江的清洁水源引入滇池，改善滇池的水质，促进生态环境的恢复。

2. 补充滇池水量：滇池地处干旱地区，蒸发量大，加之工农业用水和城市发展，水量逐年减少。牛栏江引水工程可以补充滇池的水量，保证其生态和环境功能的正常发挥。

3. 促进区域经济发展：牛栏江引水工程的建设将带动相关产业的发展，如水利、环保、旅游等，促进区域经济的可持续发展。

综上所述，牛栏江引水工程对于解决滇池水污染问题、补充滇池水量、促进区域经济发展具有重要意义。

盘龙江入滇池口

想一想：如何有效协调管理跨区域的河流？

知识链接

"河长（zhǎng）制"，即由地方各级党政主要负责人担任"河长"，负责组织领导相应河湖的管理和保护工作。"河长制"工作的主要任务包括加强水资源保护落实、加强河湖水域岸线管理保护、加强水污染防治、加强水环境治理、加强水生态修复、加强执法监管六个方面。

2003年，浙江省长兴县在全国率先实行河长制。2016年12月，中共中央办公厅、国务院办公厅印发了《关于全面推行河长制的意见》，并发出通知，要求各地区各部门结合实际认真贯彻落实。2017年的元旦，习近平总书记在新年贺词中发出"每条河流要有'河长'了"的号令。

研学活动目标

1. 通过观察盘龙江的现状，了解盘龙江的环境问题和保护措施，增强社会责任感和环保意识，树立可持续发展的观念。

2. 通过研学活动，了解盘龙江流域地域文化的特色和传承方式。

3. 通过研学活动，了解科学知识、科学方法、科学精神等方面的内容，提高科学素养。

研学路线：昆明瀑布公园—盘龙江入海口

实践点1：盘江西路、盘江东路。

任务清单：

1. 观察盘龙江河道宽度、水体颜色等的变化，适时取样。
2. 观察河岸的护岸工程，思考城市化过程对河道变迁的影响。
3. 观察河岸绿化景观、亲水平台的建设对居民生活的益处。

实践点2：桃园广场。

任务清单：

1. 通过网络查询盘龙江游船航行线路、航行时间、购票方式等信息，为自己购买一张船票，掌握旅行的必备技能。
2. 乘坐一次盘龙江游船，感受不同河段水流速度的差异，并观察途经河段水质状况及有无禽鸟、鱼类等生物栖息。
3. 利用电子地图，查询盘龙江沿岸的工厂、居民区分布，查询工业、生活、农业等污水对盘龙江水质的影响。
4. 记录盘龙江沿岸的桥梁名称，查询桥梁与城市发展的关系，如霖雨桥、油管桥、得胜桥等。

实践点3：昆明市第二水质净化厂。

任务清单：

1. 到水质净化厂参加环保宣传教育，通过专业讲师讲解和参观工艺流程，学习污水处理和环境保护知识。
2. 为滇池、盘龙江等昆明河湖的治理提出合理化措施和建议。

实践点4：盘龙江入滇池口。

任务清单：

1. 观察盘龙江与滇池交汇处水体颜色的差异，并思考原因。

2. 观察记录海洪湿地公园、星海半岛湖滨生态湿地公园生物种类，并阐释湿地对水体保护的作用。

想一想：滇池污染的原因和治理措施。

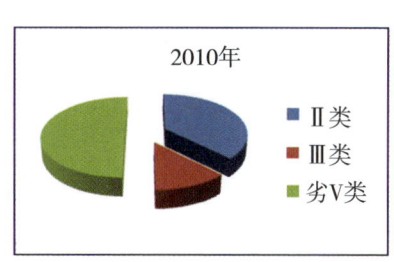

2005年　　　　　　　　2010年
- Ⅱ类
- Ⅳ类
- 劣Ⅴ类

- Ⅱ类
- Ⅲ类
- 劣Ⅴ类

滇池入湖河流水质断面比例（黄可）

知识链接：滇池污染严重的原因和治理措施

1. 形状：滇池是轮廓酷似"人胃"的半封闭湖泊，湖泊自身水体置换周期长，自净能力较低，平均每4年水才能置换一次。

2. 区位因素：滇池位于昆明市下游，昆明市区以及滇池周边乡镇的污水基本都排入滇池。同时，昆明主要受到西南风的影响，加剧了滇池北部的污染。

3. 分布：滇池呈南北纵列分布，四周为山地，污水、杂质以及雨水大多汇入滇池，污质的沉积加剧了滇池水的污染。

4. 海口：滇池的排水口位于滇池的西南方向，滇池北部是滇池的污染源，水源源不断地往西南方向流出，北部的污染源扩大了滇池的污染面。

5. 人类活动：城市化进程加剧，经济、人口的快速增长，工农业和生活污水直接排入滇池，致使滇池严重富营养化，经过短短20多年，滇池由一个20世纪70年代Ⅲ类水质的湖泊恶化成为一个具有Ⅴ类甚至是劣Ⅴ类水质的重度富营养化湖泊，滇池流域经济发展与水环境保护不协调。

一项研究报告表明，在全国主要河流中，有近82%的河流都遭受着不同程度的污染和破坏。河流一旦遭受严重污染，其治理的长期性、复杂性、艰巨性等特点将十分突出。

导致滇池污染的直接原因是35条入湖河流的污染。入湖河流进入滇池的年均水量有近9亿立方米，在滇池入湖总水量中约占73%，是滇池的主要补给水源。它们携带着大量的生活污水、生活垃圾、农业化肥和工业废水等污染物进入滇池。

盘龙江作为城郊结合型河流与我国大多数城市内河类似，随着城市经济的快速发展，城市内的河流环境容量小却纳污强度高，生活污水是导致城市内河特别是中心城区河道黑臭的最普遍和最主要的污染源。同时，盘龙江作为昆明市各类污染物的首要受纳体，其污染河水和底泥是下游滇池的重要污染源。

"没有清洁的河流就没有干净的湖泊，治滇先治河"，这就决定了入滇河流治理是滇池治理工程所必须解决的重点和难点问题。昆明市坚持对入湖河流开展堵口查污、截污导流、河床清污、生态修复等综合整治工程。

研学路线：学校化学实验室

任务清单：

1. 整理各河段采集的水体样本：黑龙潭、冷水河（中所村）、盘龙江入瀑布公园前、瀑布公园、桃园广场、盘龙江入滇池口、滇池（至少采集7个水样），并用自来水1瓶、云南山泉1瓶做参照实验。

2. 利用化学实验器材，量取同一刻度的水样本倒入烧杯，观察水体的透明度、颜色、气味等信息并记录。

3. 用pH试纸测量检验样本水的酸碱度，并记录相关信息。

4. 量取10毫升编号的水样本，在酒精灯下加热至有沉淀物出现，并进行对比（请教化学老师，进一步完善实验）。

5. 将实验结果标注在盘龙江流域的各个采集点上，分析水质数据变化的原因，并制作成图。

6. 完成研学报告的撰写。

第三章

硫黄金汤

6500万年前，欧亚板块和印度洋板块激烈碰撞，造就了云南那多姿多彩的山脉，还意外地埋下了一片地热宝藏。这里的温泉或泉群数量之多，约占全国的28%，稳坐全国温泉数量第一的宝座！昆明的地理位置独特，身处断陷盆地，与滇西的温泉相比，虽然水温稍低，但流量充沛，是云南东部典型的温泉胜地。

温泉，是大自然赠予的瑰宝。温泉文化，不仅是一种健康养生的方式，更是一种生活态度和对生活品质的追求。在这里，你可以感受到大自然的神奇魅力，也可以体验到人类智慧的无限可能。

第一节　撷秀温泉

昆明地热田

　　我们将煤炭、石油、天然气等资源丰富且分布大致连续的空间区域称为煤田、油田、气田，而对于和它们长得很像的孪生兄弟——地热田，我们却听说得很少。"地热田"通俗来说，就是地热资源丰富的空间区域。云南处在欧亚板块与印度洋板块的碰撞带及其影响区内，是中国大陆构造活动最活跃和强烈的地区之一，地热资源十分丰富。以红河—金沙江断裂为界，云南地热大致可以划分为东、西两区。其中滇西位于板块的边缘，岩浆活动频繁，该区内多高温泉或钻孔，如腾冲的热海热田和瑞滇热田，地下热储温度为145℃~200℃；而滇东地区，岩浆活动相对微弱，主要为中低温泉及钻孔，且集中分布在断陷盆地中，如昆明地热田就是典型，地下热储温度在45℃~73℃之间。

　　地球内部存在着大量的热量，这些热量多来自地球内部的熔融岩浆及放射性元素衰变，一般越往下，岩石的温度越高，地球科学工作者常用地温梯度来描述地热的垂直变化，其单位是℃/100m，也就是地热随垂直深度的变化率，一般地壳平均的地热梯度为2.5℃/100m，大于这个数字的情况就是地热梯度异常。由下页图可以看出，通过钻井揭露，官渡区、西山区、呈贡区等存在着部分大于4的地热梯度异常区域，蕴藏丰富的地热能，共同组成了昆明地热田。

　　想一想：为什么滇东的地热田基本分布于断陷盆地中？

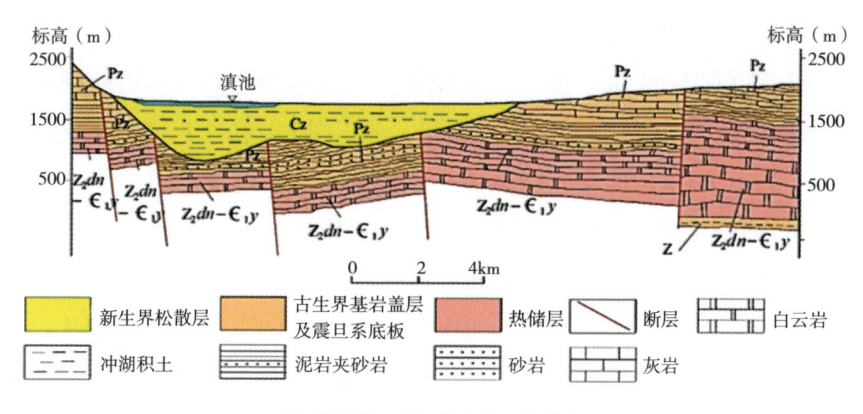

昆明地热田剖面图（王宇等）

知识链接

地热资源的形成一般要满足四个要素，即热源、导热通道、热储层和保温盖层。导热通道是地热由地球深部向浅部传输的通道，良好的导热通道往往是规模较大、切割较深的断裂。热储层通常指地壳深部含储热流体的岩层。保温盖层是指盖在热储层上面起保温作用的地层。穿过昆明的较大断裂有普渡河—西山大断裂等，其深度超过50千米，为地热流体（热水、蒸气、其他高温气体）从地壳深部向浅部流动提供了通道；昆明盆地底部的震旦系灯影组地层至寒武系渔户村组地层含大量构造裂隙、溶蚀孔隙的白云岩构成了昆明地热田的热储层；热储层上方的古生界泥岩、砂岩以及厚达近千米的新生界松散沉积物构成了保温盖层。

进一步思考：热源、热储层有什么区别？热储层和保温盖层的岩石性质在导热性、透水性方面应该具有怎样的特点？

第三张名片

昆明地热田已探明的分布面积约375平方千米，热储层厚度为330~460米，根据热储温度折合为标准煤炭是4.7亿吨，原煤是6.6亿吨，相当于一个小型煤田的资源储量，关键是其绿色环保可再生，并且位于人口和经济稠密的省城，经合理的开发利用，必将带来巨大的经济、社会和环境效益。

1975年，在昆明巫家坝机场东面土桥村打下了一口低温热水勘探井，成功获得了52.6℃的热水，从而全面揭开了昆明地热田开发利用的序幕。昆明地下热水含有对人体有益的多种微量元素，如Li、Sr、I、Br、Cu、Mn、Mo、Fe、Zn、Ba等，能起到增强体质和保健作用，是较理想的饮用矿泉水资源。部分热水资源水含有适量的Rn、Ra、H_2SiO_3、SO_4^{2-}，对皮肤病、风湿关节炎、心血管疾病、肠胃溃疡等多种疾病具有一定的疗效，加之水温适宜，因而被各大宾馆、疗养场所、房地产商开发为沐浴疗养保健之用。

目前，昆明市区已有百余家温泉水疗场所，涵盖各个消费层次，从地热温泉开发的分布来看，核心集中区主要为世纪城—小板桥片区、关上片区、海埂片区。在云南旅游业已完成由观光旅游进入休闲度假旅游的新阶段，昆明地热温泉的开发利用，为推动旅游业的发展起到了积极的促进作用。温泉旅游成为云南继"秀美的自然风光"和"多彩的民族文化"之后的"第三张名片"。

想一想：温泉旅游开发除了沐浴、疗养、保健之外，是否还有其他途径？这些开发方式是否适合昆明地热田？

知识链接：旅游温泉的旅游地质资源特征分类

1. 商品性旅游温泉：因旅游温泉中温泉水的温度、酸碱度、水化学类型及一些特殊的化学组分、微量元素的不同形成不同类型的具有医疗价值的热矿水。由于其具有康复疗养的价值，因此可将温泉水旅游资源化、产业化，最终获得较大经济效益。

2. 观赏性旅游温泉：依据出露方式、活动及形态等可将温泉分为普通温泉、间歇泉、沸泉、喷泉、间歇喷泉、热泥泉等。依据温泉化学沉淀物，可将泉华的类型分为硫华、硅华、钙华、盐华等。这些温泉景观形态各异，有很强的观赏性，能供旅游者实地观赏。

3. 科普性旅游温泉：一些典型的地热温泉是学习、研究的重要资源，如云南腾冲热海属于地中海—阿尔卑斯—喜马拉雅地热带。腾冲的地热与火山活动相伴类型多，活动强烈，规模宏大，热气、热泉遍地喷涌，气势磅礴，被誉为"火山地热自然博物馆"，具有很高的科考、科研价值。

研学活动目标

1. 实地观察昆明地热田导热通道、热储层、保温盖层地层岩石的基本形态特征，并设计简易仪器，定性或定量检测它们的导热性和透水性，对昆明地热田地热系统的形成机理有更深入的认识。

2. 体验昆明地热温泉，同时调查温泉废水的排放和利用情况，以及政府职能部门对地下热水的管理政策，了解温泉开发利用过程中的基本情况与问题。

研学线路：滇池东岸罗汉崖→西华村→白鱼口云南省工人疗养院

实践点1：西山区碧鸡街道西华村后山。

任务清单：

1. 利用电子地图和岩层分布图找到对应的灯影组地层、古生界地层、新生界地层，并采集岩石。

2. 对照文献资料，根据书本描述，观察这些岩石的基本特征。

3. 观察沿途的西山断裂带，并寻找断裂的基本特征。

实践点2：云南省工人疗养院。

任务清单：

1. 体验地热温泉。

2. 了解该疗养院地热温泉开采情况及废水排放和综合利用情况。

3. 开展实验探究，利用自制仪器定性或定量测定岩石标本透水性和导热性。

第二节　沐浴身心

"春寒赐浴华清池,温泉水滑洗凝脂。"这是白居易在《长恨歌》中留下的名句。从中我们不仅能感受到古人早已认识到泡温泉的益处,还隐隐透露出这样的奢侈体验在过去可不是普通人能享受得起的。随着时间的推移,昆明温泉康养产业不断发展,成为游客们争相打卡的旅游胜地。

云南温泉数量有千余处,种类多样,为全国之冠。在众多温泉中,著名温泉不少,如安宁温泉、洱源普陀泉、腾冲大滚锅、宜良汤池等,唯有安宁温泉因其独特的品质,以及毗邻省城的区位优势,有大量顶级名士、政要到此游览并留下了近千米的摩崖题刻。天地灵气与人文精华的交融,使安宁温泉由自然之泉蜕变为了文化之泉,蜚声海内,号"天下第一汤"。

天下第一汤

得天地灵气

安宁温泉位于安宁市温泉镇境内凤山山麓，地处滇中高原的边缘，位于近南北向展布的螳螂川侵蚀宽谷内，海拔1820~2530米，北倚笔架山，西望龙山，属侵蚀溶蚀中–浅切割的中低山宽谷地貌，总体地势东南高、西北低。安宁温泉区，长期处于川滇经向构造带与南岭纬向构造带交会地区，构造运动较为频繁，地质构造十分发育。相距35~40千米的东西两侧分别为普渡河断裂带和罗茨—易门断裂带，受上述两条南北向区域性断裂带的影响，区内构造线以东西向延伸为主。东西向构造主要有笔架山断裂和石甸口断裂，南北向构造主要有螳螂川断裂，是温泉地区唯一起控制作用的主干断裂。

螳螂川断裂南北延伸约7千米。该断裂倾角较陡，近直立，水平断距大约2450米，并有3~5米宽的断层角砾岩带。该断裂切断了区内的笔架山断裂和石甸口断裂，控制了断裂东西两侧的地层和较低序次的断裂。由于受后期多次构造运动影响，反复继承和复活，造成断裂带两侧岩石破碎、裂隙网络发育，为地下水富集和热水对流提供了必要空间。

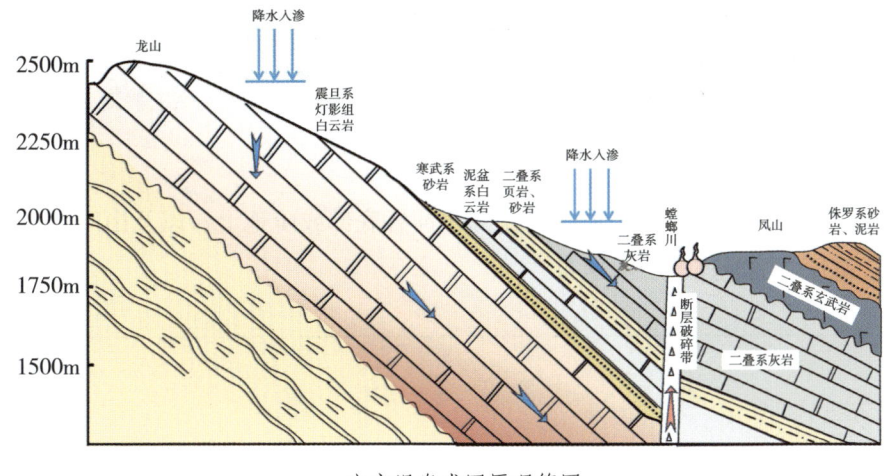

安宁温泉成因原理简图

该区域为亚热带季风气候，区内多年平均降水量约916.4毫米，降水量较充沛，大气降水主要由龙山一带补给区向下入渗，沿震旦系灯影组溶隙和构造裂隙向深部径流。震旦系灯影组岩性以白云岩为主，经历多次构造运动，除节理裂隙十分发育外，其深部岩溶裂隙也十分发育。该区接受大气降水补给后，沿溶隙和构造裂隙向深部径流，成为深循环的地下水，因埋藏深度大，径流距离长，运移速度缓慢，沿途逐步从岩层中吸热；当运移到螳螂川断裂带附近时，由于受到深部热源的高热流加热，水温得到大幅度升高，并进一步加速溶解围岩的可溶组分，在深埋的地层形成深部热储。在水压差和密度差作用下，深部热水沿螳螂川断裂带有利部位涌至地表，部分以温泉出露，部分赋存于浅部热储中，并受到四周冷水不同程度的混合，形成了以"天下第一汤"为中心的低温地热资源。

龙山顶部灯影组白云岩（构造裂隙）

想一想：为什么滇东温泉多出露于河谷底部或阶地上，以及山间盆地周围或高原湖泊毗连的山前地带？

荟人文精华

安宁温泉整个泉区被群山环绕,山上林木葱翠,景色宜人。池水晶莹剔透,仿佛碧玉磨成的明镜,池中不断有银光闪闪的水泡冒出,古人将之称为碧玉泉。

见史于元:虽然传说久远,但安宁温泉真正在史书中见于记载,则是在元代。据《圣朝混一方舆胜览》"安宁州"条载:"云南诸郡,汤池一十七所,惟安宁州者最。石色如碧玉,水清可鉴毛发,虽骊山玉莲池远不及。"元朝以前的温泉名不见经传,只是一个露天的水塘,元末时,才盖上数间茅屋以作遮蔽。加之元代民生凋敝,政局混乱,百姓生活无依,诸如温泉这类趋于盛世浮华之物,自然也就被遗忘。

凤山山麓的温泉泉址

扬名于明:温泉真正扬名于世,是在明代。这得益于几个人的推动:一是安宁籍著名政治家和文学家杨一清,其将安宁温泉推送入明代最高级别的官员、文人的视野,成为安宁温泉文化的奠基人;二是四川状元杨慎,其谪戍云南,二十余年流连于螳螂川温泉一带,留下众多文学作品;三是我国著名地理学家、旅行家徐霞客,他在览胜云南之时,盛赞安宁温泉"余所见温泉,滇南最多,此水实为第一"。

"天下第一汤"题刻

盛极于清：安宁温泉作为省城附近著名的休闲名胜和文化风景，自然受到特别关注，在朝廷的支持下，迎来新一轮大规模开发营建。据《云南府志》记载："康熙二十八年，总督范承勋、巡抚石琳、按察使许弘勋别凿二池，曰小玉、漱玉。旁建房宇诸处，各极幽雅。"范承勋等人兴建云涛寺，将碧玉泉、摩崖石刻与云涛寺连为一体，构成了安宁极具人文特色的景观群，更延伸出安宁浓厚的学风文脉，云南唯一的状元袁嘉谷就曾备受启发，无数的文人夜宿云涛寺，挑灯夜读，留下了学风盛极的美谈。

部分摩崖石刻

历数百年经营的云南温泉文化至此花开叶散，从士大夫的书斋流入普通民众，将中华文化深植入边陲民心，安宁温泉全程参与其中，成为云南文脉凝结之地。安宁温泉得天地之灵气，萃人文之精华，散文化之风气，云南温泉除此无二，名扬天下。

想一想：影响安宁"天下第一汤"名扬天下的人文因素有哪些？

知识链接

安宁是明朝嘉靖年间内阁首辅杨一清的故乡，到访名人有杨慎、徐霞客等。因距离省城近，历代官员多来此处寻幽览胜，泡泉品茗，这里现存多位民国时期军政要员的府邸。

谱时代新篇

安宁温泉"天下第一汤"的品牌历史已久，享誉海内外，品牌价值很高。但在发展过程中，并没有得到进一步深入挖掘和开发，致使部分品牌影响力逐渐淡化。温泉开发主体多为旅游企业，缺乏区域统筹规划，造成重复投资建设，宾馆、酒店过剩；旅游以温泉疗养为主题，产品相对单一，缺乏创新性。产品和经营的同质化，造成了无序竞争和对温泉资源的掠夺式开发，资源浪费严重。

温泉旅游产品与当地自然景观、历史文化资源缺乏整合。安宁温泉镇旅游资源丰富，有草木葱茏的凤山、龙山、笔架山、甸中水库等山野风光；以牧羊村为中心的金色螳螂川田园风光；以及众多文物古迹，如全国重点文物保护单位曹溪寺、碧玉泉、珍珠泉、环云崖摩崖石刻、石淙精舍等古迹；也有卢汉别墅、龙云公馆等近代名人故居。但在开发过程中，人们忽视了温泉旅游项目与其他旅游资源的结合，一些名人故居或多年失修，或荒废封闭，没有发挥其历史文化价值。

温泉镇

想一想：安宁温泉小镇如何开发"温泉+"旅游经济？

知识链接

在温泉开发的过程中，首先应加强政府及各级旅游行政主管部门的统筹协调、控制能力。合理规划温泉水的开采与保护，实现温泉旅游的可持续发展；引导协调镇内温泉旅游企业的多样化发展，高中低端温泉酒店的合理配比，形成针对不同年龄、不同人群的个性化产品。

现代温泉旅游产品已经不再仅具单一的疗养功能，而是集疗养、休闲、保健、观光、娱乐等多功能于一体。充分发挥温泉资源优势，以高品质的丰富地热温泉资源为核心，建设温泉旅游度假区完善的产品体系。依托现有疗养院、度假酒店，完善养生产品体系，结合温泉疗养和养生理念，推出各种健康养生项目和服务，吸引更多追求健康生活方式的游客；依托会议接待设施，拓展会议旅游产品体系；依托凤山森林公园、金色螳螂川开发生态观光旅游产品；依托环云崖摩崖石刻和名人故居，开发文化体验产品；以温泉旅游发展为导向，建设以温泉休闲度假为主的产业链，配合发展会议产业、康体养生产业、文化产业、生态观光产业、娱乐产业等，构建多样的、符合市场需求的综合产品体系，推进温泉旅游产业升级。

此外，在温泉的周围，结合当地特色，设计商业街，发展特色餐饮产业，让游客既享受风景又享受美食。同时，设计旅游文化产品，包括旅游纪念品、土特产、地区特色和工艺品等。

研学活动目标

1. 学习相关的旅游管理、生态保护、文化传承等方面的知识。

2. 了解安宁温泉小镇的历史文化背景，参观历史遗迹，体验当地传统手工艺制作，等等，增强对文化遗产的认识和理解。

3. 探索安宁温泉小镇周边的自然景观，了解生态保护和环境保护的重要性。培养对自然环境的关注和保护意识，学习如何保护环境、节约能源，实现可持续发展。

4. 了解温泉产业的运营和管理，对温泉产业和旅游业有更深入的了解，激发对行业的兴趣，并为未来的职业规划提供参考。

5. 在小组协作中，共同完成任务和解决问题，培养团队合作精神和沟通能力。

研学线路：温泉小镇

实践点1：小镇内的温泉酒店和民宿。

任务清单：

1. 实地感受温泉，体验温泉服务，记录过程中觉得满意和不满意的地方，为温泉酒店人性化管理提出一些建议。

2. 采访不同游客选择温泉酒店时的主要需求有哪些，思考温泉小镇酒店应该如何差异化发展，捕捉具有不同爱好和需求的客户群。

3. 采访酒店管理人员，了解酒店每日温泉开采量、使用后的废水如何处理、温泉资源开发现状。

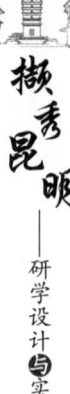

实践点2：小镇餐饮商业街。

任务清单：

1. 走访记录餐饮店铺数量、主要美食种类，是否品种多样可供选择。

2. 调查记录商业街除餐饮外的特色商品有哪些，是否有一些具有当地特色的旅游商品。

实践点3：凤山。

任务清单：

1. 凤山的地理特点是什么？它的气候条件如何影响当地的生态环境？

2. 凤山的自然风景有哪些值得游览的地方？请选择一个景点，描述它的特色和吸引力。

3. 凤山有哪些重要的历史文化遗迹？请描述其中一个并解释其历史背景和文化意义。

实践点4：环云崖摩崖石刻。

任务清单：

1. 选择一个具有代表性的环云崖摩崖石刻，描述其内容和艺术风格，阐释它们的文化意义和历史价值。

2. 环云崖摩崖石刻的保护和修复工作是如何进行的？有哪些挑战和难题？请描述其中一个修复工程的过程和成果。

实践点5：名人故居。

任务清单：

1. 选择一个名人的故居，描述该名人的背景和贡献，解释为什么其故居具有重要的历史和文化意义。

2. 名人故居的建筑特点和风格是什么？它们如何反映当时的社会背景和文化传统？

3. 参观名人故居时需要注意些什么？请列举一些重要的参观建议。

第四章

锦绣春城

昆明是我国花卉的主要产区，宜人的气候特点成就了昆明"花枝不断四时春"的景象，丰富的鲜花资源和民族文化成就了昆明多彩的花卉文化。花卉文化与深厚历史文化的融合，也促成了昆明"春城花都"的城市形象定位。

第一节　撷秀彩云

昆明的云

　　昆明的天空是云的秀场。有时候，是连绵不断的镶着金边或银边的云层在翻动；有时候，长空万里，只浮现一朵一尘不染的"白莲"；有时候，似大鹏展翅、凤舞九天；有时候，似片片鱼鳞挂在天边……昆明的云千变万化，总是以其多样的形态和鲜艳的色彩给人们带来了无限的惊喜和美好。

　　云是地球上庞大水循环的有形结果。太阳照在地球的表面，水蒸发形成水蒸气，一旦水汽过于饱和，水分子就会聚集在空气中的微尘（凝结核）周围，由此产生的水滴或冰晶将阳光散射到各个方向，这就产生了云的外观。七彩云是太阳光照射到云彩中的冰晶结构产生的光学现象，在合适的天气条件下，太阳光被折射和反射，在天空形成七彩光谱，这和彩虹的形成是一样的道理。

昆明的云（孙顺斌　摄）

想一想：昆明为什么频频出现彩云？

> **知识链接**

云对地球有着保温和降温的作用。云吸收地面散发的热量，并将热量反射回地面，形成保温，同时云也将太阳光反射至太空，有助于地球降温。人们通过云的生消演变可以观察到水汽和大气运动，这对人们预测雨雪冰雹等天气现象有着重要作用。一直以来，人们在日常生活中都会根据云的形状、来向、厚薄等进行气象观测。现在根据卫星云图和天气图进行的气象观测则更为科学和准确，可以让人们更好地了解所处地区未来几天的天气状况。

姿态万千的彩云

云主要有三种形态：一大团的积云、一大片的层云和纤维状的卷云。1929年，国际气象组织以英国科学家路克·何华特在1803年制定的分类法为基础，按云的形状、组成、形成原因等把云分为十大云属。而这十大云属则可按其云底高度划入三个云族：高云族、中云族、低云族。另一种分法则将积雨云从低云族中分出，称为直展云族。这里使用的云底高度仅适用于中纬度地区。所以一般存在两种粗略的分类方法，即按高度区分为三类：低云族、中云族、高云族。按形态区分为三类：积云、层云、卷云。

云南地处云贵高原西部，受亚热带季风气候的影响，终年气候温和，干湿季分明，造就了云南多彩云的特点，如大理苍山的望夫云、玉带云、火把云、荚状云，丽江等地的马蹄云等。昆明位于滇中地区，四季如春，以"春城"著称。昆明的云在高原湛蓝天空的映衬下姿态万千，更显趣意盎然。它们有时薄如轻纱，在微风中翩然起舞，刻画着蓝天的情愫；有时霞光万丈，在朝晖斜阳下温柔流淌，粉饰着滇池的色彩；有时乌云翻滚，在阵阵雷声中悄然流动，诉说着红土大地的往事。

在昆明，受气候和高原地形的影响，不论在哪个季节总有悠悠白云在高原的蓝天上各显形态，云量大、云朵厚、种类多是其最大的特点。昆明出现频率较高的云有积云、高积云、高层云、卷云等，有七彩云（又名虹彩云）、尾迹云、火烧云、鱼鳞云、波纹云、沙丘云、毛卷云、密卷云、卷积云、碎层云、雾层云、淡积云、中积云、浓积云、碎积云、积雨云等具体形

态。昆明的四季中，形态多样、色彩各异、飘逸灵动的云朵寄托着"春城"独有的艳丽与浪漫。

初冬翠湖上空的云
（窦江雨 摄）

秋季昆明某中学上空的云
（窦江雨 摄）

想一想：昆明的云"火出圈"的原因是什么？

知识链接

丁达尔效应，也叫"丁达尔现象"，是一种光的散射现象。当一束光线透过胶体，从垂直入射光方向可以观察到胶体里出现的一条光亮的"通路"，丁达尔效应的出现也寓意着光可被看见。该现象一般出现在清晨、日落时分或者雨后云层较多的时候，大气中有雾气或灰尘，太阳刚好投射在上面，被分割成一条条，有时呈一大片，显得特别壮观。

研学活动目标

1. 熟悉关于云的知识，了解昆明云的特点。
2. 观昆明彩云之美和彩云之壮观，感悟大自然的独特魅力。
3. 学会规划观云时间和路线，并用相机和画笔记录昆明彩云的万千姿态。

研学线路一：海埂公园

实践点1：海埂公园。

任务清单：

1. 了解海埂公园和周边地区的地形、水文、植被等情况。
2. 分析海埂公园和周边地区的生态环境对云彩形成的影响。

实践点2：滇池边。

任务清单：

1. 提前了解天气状况，确定在海埂公园滇池边观云的最佳时间。
2. 拍照记录云彩之美，描述所拍云彩的特点并分析其形成原因。
3. 体会水天一色的自然美感，领悟人与自然和谐相处的人地协调观。

研学线路二：轿子雪山

实践点1：新山垭口。

任务清单：

1. 观察新山垭口的地形特征。
2. 分析新山垭口地形对云彩形成的影响。

实践点2：4223米的轿顶（因该实践点海拔较高，需根据自身身体状况选择）。

任务清单：

1. 查找资料，了解轿子雪山的自然环境特征和云海奇观出现的时间。
2. 分析轿子雪山云海奇观形成的原因。
3. 设计一条轿子雪山景区观云路线图。
4. 尝试用画笔描绘出轿子雪山云彩的姿态。

第二节 花都品美

春城无处不飞花

在昆明，春有漫山遍野的樱花，每年春天粉红堆叠而成的海洋是春城最深沉的浪漫；夏有淡雅清新的荷花，"接天莲叶无穷碧，映日荷花别样红"的别样景致配上昆明的雨，别有一番诗意在心头；秋有隐逸高洁的菊花，金秋绽放的菊花构成了大观楼奇妙无比的秋日盛景；冬有傲雪独立的梅花，"千岁梅花千尺潭，春风先到彩云南"，冬日昆明的暖阳，催开了朵朵梅花，安宁恬静，颇有一番宁静致远的禅意。除此之外，每逢初春，玉兰都会迎风盛开，满树皆白，分外绚丽，把深山古刹点缀得古色古香，人们聚在一起爬山赏玉兰，共同庆祝春天。夏天，万溪冲的万亩梨花，在风中微微颤抖，牵动着每一个赏花者的心。秋天，当百合花毫不掩饰自己的魅力怒放时，仿佛一幅美丽、梦幻的秋景图。冬天，那些不是花的植物把春城装点得更加绚烂，枫叶似火，银杏纷飞。真可谓一年四季开不败，家家门巷尽成春。

想一想：为什么昆明四季满鲜花？

知识链接

从自然条件来看，花卉生长条件包括温度、光照、水源和土壤等。昆明地处低纬高原，地貌复杂多样，地形高差较大，在气候上存在着明显的垂直差异和水平差异。在山区有"山下花开山上雪""踊山分四季、十里不同天"的景象。援引华南农业大学李璐延硕士学位论文《高原特色花卉产业助力云南乡村振兴发展的影响因素研究——以斗南花卉产业园为中心》中的气象资料统计，昆明年均气温14.5℃，最热月（7月）平均气温19.7℃，最冷月

（1月）平均气温7.5℃，年温差12℃~13℃。全年降水量约1031毫米，相对湿度为74%，湿气不大，全年无霜期近年均在240天以上。全年晴天较多，年均日照时数为2445.6小时，日照率达56%。终年太阳投射角度大，年均总辐射量达129.78kcal/cm^2，其中雨季62.78kcal/cm^2，干季67kcal/cm^2，两季之间变化不大，故诗人杨升庵称赞昆明"天气常如二三月，花枝不断四时春"。

注：此处参考华南农业大学硕士学位论文《高原特色花卉产业助力云南乡村振兴发展的影响因素研究——以斗南花卉产业园为中心》，李璐延，2019年6月。

紫蓝花楹

霸屏昆明夏日街头的植物是蓝花楹。当不同时刻的光线照在蓝花楹树冠上，会呈现出不同程度的紫色；当蓝花楹被风吹落一地，简直是一片紫色的世外桃源，这位植物界中的"紫霞仙子"，为昆明街头带来了一片清幽与宁静。

蓝花楹系紫葳科蓝花楹属植物，落叶乔木，高达15米。别名巴西紫葳、非洲紫葳、西紫葳、金凤花、紫云木。原产中南美洲，广泛分布于秘鲁、墨西哥、玻利维亚、巴西、阿根廷、南非等国。蓝花楹叶对生，小叶椭圆状披针形至椭圆状菱形，顶端急尖，基部楔形；花蓝色，花萼筒状，花冠筒细长，蓝色，裂片圆形；蒴果木质，扁卵圆形；花期为5~6月。因其花如蓝雾一片，朦胧清雅，似梦非梦，在艳阳下，一树蓬勃的花像异色火焰，绚烂到极致，又称为蓝色火焰。蓝花楹原产于南美洲巴西，在中国的广西、云南、福建、台湾等地区均有栽培，分布范围广。蓝花楹性喜阳光充足和温暖、多湿气候，根系发达，要求土壤肥沃、疏松、深厚、湿润且排水良好，低洼积水或土壤瘠薄则生长不良。不耐寒，若冬季气温低于15℃，则生长停滞，若低于5℃会发生冷害，夏季气温高于32℃，生长也会受到抑制。

昆明周边河湖众多，灌溉水源充足。昆明周边"坝子"地形平坦，土壤肥沃，海拔高低差异大，有利于不同种类的花卉生长。此外，昆明的花卉种植历史悠久，技术熟练，加上优越的市场地理位置，为花卉产业的发展提供了良好的条件。

盛夏中的蓝花楹（陈文艳 摄）

想一想：落叶乔木具有哪些典型特征？其代表性的树种有哪些？

知识链接

植被是指覆盖在地表的植物群落的总称，分为自然植被和人工植被两大类。自然植被有森林植被、草原、荒漠等类型，其中典型的森林植被包括常绿阔叶林、落叶阔叶林和针叶林等。常绿阔叶林树冠浑圆，树叶叶面多呈革质，表面光滑、无绒毛，质地较硬，如樟树林、椰子林等。落叶阔叶树叶片多呈纸质，宽而薄，常见的包括桦树、杨树、柳树等。针叶林分布广泛，从寒温带、温带到亚热带、热带都有分布，大片的针叶林主要分布在寒温带气候区，其北界就是森林的北界。针叶树的叶子呈针状，如松树、杉树等。

草原植被主要分为热带（稀树）草原和温带草原，荒漠植被主要分布于热带、亚热带及温带的干旱气候区，大多数植被根系发达，叶片较小，呈鳞片状或刺状或无叶。

常见的人工植被有果园、菜园、花园、稻田、麦地等，还有人工栽种的树林。

中国科学院昆明植物研究所档案室珍藏着一份名为《昆明植物园栽培名录1938—1988》的科研档案，其中提到：1984年，中国科学院昆明植物所通过种子交换从阿尔及利亚获得9粒种子，并在昆明植物园种植，漂洋过海而来的蓝花楹是一种喜欢阳光和温暖湿润环境的植物，在气温方面，昆明与蓝花楹完美适配。后将10多株开蓝紫色花蕾的紫葳科落叶乔木移植栽种在当年昆明光秃秃的教场中路道路两侧。后来，人们才知道它叫"蓝花楹"。如今，教场中路被称为"蓝花楹大道"，整条街的蓝花楹已增加到551株，成为五华区精品旅游路线。在每年夏天蓝花楹怒放时，连续6年举办的蓝花楹文化艺术节，成为昆明"市民的节日"。

教场中路蓝花楹主题公园街景（罗赟莹 摄）

想一想：物种在引进时需要考虑哪些自然条件？

"蓝色"经济

据不完全统计，2022年蓝花楹盛开的四五月间，前来教场中路赏花的市民和游客超40万人次，教场中路蓝花楹IP全网曝光量超过2亿次。

承接2022年翠湖四时"花YOUNG五华"第四届蓝花楹文化艺术节&消费季策划工作的，是2013年从云南艺术学院毕业的周梦楠。在他看来，蓝

莲花小区街景（罗赟莹 摄）

花楹文化艺术节的定位是"青年文创助力新经济发展"。在周梦楠带领的年轻团队的策划下，2022年的蓝花楹文化艺术节愈发显示出了"市民化"和"年轻态"：街道上有蓝花楹能量站、主题文创体验店、新国潮汉服文化体验点、快闪咖啡巴士、昆明聂耳交响乐团现场"花季音乐会"、百米主题墙绘、伞艺打卡点、蓝花楹巨型扭蛋机，以及人人都可报名参加的"教场楹媚"宣传大使赛和沿盘龙江漫步花下健康走等。受邀而来的百名自媒体平台博主现场直播，教授网友"打卡攻略"和"拍照技巧"。有60多个餐饮和手工文创摊主入驻的蓝花楹JOY市集，成了青年展示创意的平台，众多青年创业者纷纷推出"蓝花楹紫色风潮"产品：用云南本土咖啡和云南的花、果制作的文创咖啡饮品"蓝楹楹"和"紫噜噜"，成为年轻消费者拍照打卡的网红饮料。它们的制作者黄彪和他的合伙人是第一次参加蓝花楹文化艺术节，黄彪说，"没想到咖啡和文创的CP感可以这么强"。通过对传统咖啡口感和"颜值"进行改良，他们创立的"四叶咖"品牌实现了"做出一杯有乡愁香气的云南咖啡"的愿景，让不少年轻人爱上了本土咖啡。

第一次参加艺术节的扩香石手工艺制作人杏茶，卖出了50余件自己设计制作的产品；麦舍甜品的李玥祺制作的蓝花楹蛋糕，每天出售近百个；问象美术馆推出的蓝花楹胸针让年轻女孩爱不释手，一抢而空。本届文化艺术节上，蓝花楹雪糕售出6万多支；文创胸针饰品开幕当天销售800多枚，日销售额3000余元；蓝花楹主题咖啡"五一"期间日最高销售量831杯，日销售额两万余元。数据显示，在蓝花楹文化艺术节的带动

2023年蓝花楹文创广告（罗赟莹 摄）

下，2022年五一期间，五华区接待游客63.78万人次，旅游综合收入达4.44亿元。（以上引自——《中国青年报》2022年6月21日第12版《昆明：蓝花楹"赏花"激活青年文创消费市场》，记者张文凌，通讯员王佳。）

想一想：蓝花楹如何激活"蓝色"经济？

研学活动目标

1. 认识昆明的特色鲜花，了解昆明"春城""花都"美誉的由来，培养欣赏美的能力。

2. 学习昆明气候等知识，了解昆明鲜花种类多样的原因。

3. 学习蓝花楹的生长习性和特点，了解昆明种植蓝花楹作为行道树的原因。

4. 行走教场中路，近距离观察蓝花楹，培养对美的欣赏能力。

5. 了解教场中路的文创产品，培养创新能力和实践能力。

研学路线一：斗南花卉市场

实践点1：斗南周边花木种植养护基地。

任务清单：

1. 走进花木的世界，了解花木知识和绿化的意义及重要性。

2. 学习花卉养护知识，动手移栽小型花木，或是领取花种动手播种，感受种植花木的不易，学会尊重劳动成果。

实践点2：斗南花卉市场。

任务清单：

1. 参观花卉市场，认识各样鲜花，完成昆明特色鲜花图鉴。

2. 用自己喜欢的昆明特色鲜花，动手进行花卉手作（鲜花书签、插花、叶子贴画、鲜花饼的制作），感受昆明的鲜花文化。

研学路线二：教场中路

实践点1：教场中路路口。

任务清单：

1. 实地观赏蓝花楹，了解蓝花楹特征，能识别、描述所观察的实物。

2. 观赏蓝花楹所形成的美景，提升认识美、理解美、欣赏美和创造美的能力。

3. 思考昆明多地种植蓝花楹作为行道树的原因。

教场中路街景（王邓涛 摄）　　教场中路蓝花楹文化景观长廊（罗赟莹 摄）

实践点2：莲华小学（蓝花楹校区）。

任务清单：

1. 观察学校周边的蓝花楹景观，感受学校以蓝花楹为主导元素的设计。

2. 学校名称中加入了蓝花楹，思考蓝花楹对于莲华小学的意义。

实践点3：邮局。

任务清单：

1. 观察邮局附近的蓝花楹文创产品，了解文创产品的产生背景。

2. 游览蓝花楹文创市场，了解文创经济。

实践点4：蓝花楹文化景观长廊。

任务清单：

1. 游览蓝花楹文化景观长廊，欣赏墙面艺术，感受艺术之美。

2. 通过游览蓝花楹文化景观长廊，进入时光穿梭机，回忆或了解过往的岁月。

第五章

撷秀乡土

千百年来，彩云之南的各族儿女创造了多姿多彩、特色鲜明的文化遗产。它们是历久弥新的文化印记，是融入春城儿女血脉的传承基因，是中华优秀传统文化的重要组成部分。城乡皆有传习声，"非遗"繁花点缀在风情昆明大地之上，每一项非物质文化遗产，都勃发着自强不息的精神力量，不断向世界展示"昆明精彩"。

第一节　撷秀乡俗

屋脊上的守望者——瓦猫

"每家房顶高高坐，圆圆的眼睛，大大的口，猫不像猫，虎不像虎。"这条流传在云南的民间谜语，说的就是云南特有的屋顶守护神——瓦猫。在当地，旧时很多人家的屋顶上都会放着一只瓦猫，陶塑的身体、神气的姿态，站在屋顶为主人招财纳福、镇宅驱邪。小小的瓦猫不仅承担着看家护院的重任，也是一代人记忆的载体。

在过去，这些瓦猫神兽通常位于房屋的屋顶，与屋瓦相连，称为"脊兽"。其放置的位置也颇为讲究，主要是看房主对房屋有何种愿望与祈求。例如，放在正房屋脊正中的"瓦猫"被称为"脊猫"，主要取"脊"与"吉"的谐音，寓意纳福求吉；而安放在大门瓦脊中央的"瓦猫"称为"福娄"或"镇门虎"，让"瓦猫"把守在大门处，以示神灵守卫家门，抵挡各种厄运和邪秽之物的闯入。瓦猫是喵星人的一个新物种吗？并不是。瓦猫，又称"镇脊虎""降脊虎""吉祥虎"，是一种以老虎为原型，外形与猫大小相近的素胎灰陶器，更是一种瑞兽造型，质感古朴而厚实，神秘而又不失可爱。

镇宅是古代的一种民俗活动，后来逐渐演变为一种镇宅文化。在很多古建筑或者仿古建筑上，都能看到镇宅神兽的身影。大到故宫的宫殿建筑，小到公园里的亭台楼阁，通常都有神兽驻守，建筑等级越高，神兽的数量越多。比如神兽汇集的故宫，光太和殿的屋脊上就

瓦猫

集合了十大神兽：龙、凤、狮、海马、天马、押鱼、狻猊、獬豸、斗牛、行什。但这些中国传统的镇宅神兽，大多凶猛威严，面露凶相，震慑四方，像常见的狮子、饕餮、麒麟、貔貅等，可到了昆明，就变成了奶凶奶凶的瓦猫。

想一想：昆明的镇宅神兽为什么是"猫"？它体现了昆明民俗文化的什么特点？

知识链接

瓦猫虽名为猫，可却属于"大猫"类，它的真身，是门神手里牵着的"食鬼之虎"。人们照猫画虎、寓虎于猫，将虎的形象化为瓦猫，用来看家护院、镇宅纳福。这些，都离不开云南民间丰富而灿烂的虎文化和虎崇拜。在彝族、傈僳族、白族、阿昌族等族的神话故事中有很多关于虎的传说，人们也将虎称为大猫。在后代传承中，虎逐渐成为一种图腾化和神化的符号，并演化出了瓦猫的形象，成为云南当地宠爱的镇宅神兽。瓦猫是中原文化和少数民族文化融合的产物。

"被下岗"的瓦猫

瓦猫是昆明特有的一种建筑装饰，过去作为"镇宅神兽"被放置于瓦房之上，随着老房子逐渐消失于高楼之中，瓦猫也淡出了人们的视线。

如今，已经很难在云南人家的屋脊上看到瓦猫的身影了，但它们并没有消失，而是作为珍贵的民俗艺术品，被请到了屋里，换一种形式继续守护人们。瓦猫是幸运的，在时代的更迭中，它们既完成了旧时的使命，又在新时期找到了更适合自己的传承之路，甚至比屋脊上的瓦猫更有生命力和关注度。

昆明市将瓦猫列入了非物质文化遗产保护名录，它们成为昆明人重点保护的"宠物"，甚至还变成了城市的一个文化IP。2020年，昆明地铁4号线打造了"瓦猫家族"主题，利用瓦猫IP创造出四个分别名为朵朵（意思：花）、板扎（意思：称赞）、子弟（意思：帅气）、喏喏（意思：睡觉）的

卡通形象。它们时而文静地在地铁内壁、门和扶手处介绍着云南文化旅游特色，时而好动地爬上显示站台信息的屏幕，用动画的形式为乘客播报到站信息，陪伴大家走过四季，看遍河山。

昆明4号线的"瓦猫专列"

艺术家们更是将瓦猫玩出了新花样，可以是素雅的青花瓷瓦猫，可以是憨态可掬的卖萌小兽，还可以是成年人的大玩具……瓦猫家族的成员逐渐壮大。据不完全统计，如今市面上的瓦猫造型已经多达两千多款，以后还会更多。

瓦猫文创产品

一代人有一代人的使命，对于瓦猫来说，也是如此。"屋脊上的时代"过去了，而"屋脊之下的时代"才刚刚开始。

想一想：怎样传承和保护瓦猫文化？

知识链接

加强传统文化的宣传，挖掘优秀传统文化的思想价值，理解文化的含义，建立文化自信。建立传承的保障机制，实施文化立法，完善相关法律法规，建立行政管理制度，建立传承人才的培育制度。创建文创产品，打造瓦猫文化产业链。

研学活动目标

1. 了解瓦猫文化的内涵，感悟民俗文化的魅力。
2. 参与制作瓦猫，培养民俗文化兴趣。
3. 设计瓦猫文创产品，学会传承和保护民俗文化。

研学线路：昆明地铁4号线—昆明龙泉古镇瓦猫博物馆

实践点1：昆明地铁4号线。

任务清单：

1. 体验瓦猫文创地铁线，感悟身边的民俗文化。
2. 描述瓦猫文创保留了瓦猫的哪些特征，评价瓦猫文创产品对瓦猫文化传承的影响。

实践点2：昆明龙泉古镇瓦猫博物馆。

任务清单：

1. 观察记录瓦猫的外形特征，描述瓦猫的特点以及各地瓦猫的差异。
2. 参与制作瓦猫手工艺品，描述制作过程。
3. 体会民俗文化的美感，传承和保护民俗文化。

昆明的服饰

昆明市是云南省省会，有着悠久的历史和深厚的民族文化底蕴，尤其是在昆明周边乡村，蕴藏着丰富的民族文化资源，那里的少数民族有着自己特征鲜明的服饰，汉族也有独具特色的传统服饰，这份传统服饰资源弥足珍贵，是不可多得的文化现象，值得探讨和研究。服饰是文化的重要组成部分，服饰的演变可以反映一个民族发展的脉络。昆明的汉族传统服饰是昆明坝子文化的结晶，是当地文化与汉族移民文化的融合体，这种融合历史悠久、规模空前。昆明汉族服饰是一种既沿袭传统又不断发展的服饰，它在保留传统服饰含蓄、内敛、中庸等特点的基础上，又融汇了周边少数民族服饰因子，在文化的自我维系和整合中顽强存在并不断变化着。

想一想：昆明汉族传统服饰为什么会有少数民族服饰的影子？

知识链接

昆明市是云南省的政治经济文化中心，一直是云南历史上经济发达、生产生活水平较高的中心区域。昆明市下辖五华区、盘龙区、官渡区、西山区、东川区、呈贡区、晋宁区、富民县、宜良县、石林彝族自治县（可简称"石林县"）、嵩明县、禄劝彝族苗族自治县（可简称"禄劝县"）、寻甸回族彝族自治县（可简称"寻甸县"）、安宁市，历史上一直是多民族聚居区。2022年末，昆明市有3个自治县，4个民族乡，343个少数民族聚居行政村。少数民族户籍人口99.33万人，较2021年增加1.57万人，占全市户籍总人口的16.72%，增加0.11个百分点。少数民族流动人口638933人。少数民族有回族、满族、蒙古族、佤族、瑶族、苗族、布依族、壮族、傣族、拉祜族、傈僳族、藏族、哈尼族、纳西族、白族、彝族等。

昆明的"蓝衫人"

昆明周边的"老汉族"被称为"蓝衫人",这一称呼由来已久。"蓝衫"被用来概括昆明这个特殊的汉族族群,可见其具有相当重要的地位和意义。蓝色源于古时色彩观念中的"青",它真正成为色彩名称源于近代西方色彩观念的引进。汉时起,青色被历代朝廷规定为平民之服色。中国传统的五色为青、黑、白、赤、黄,黄色为中央之色,为皇帝专色,就老百姓而言是不能用的。其他四色呢?赤色为婚嫁之色,老百姓用的红嫁衣、红盖头即来源于此。而黑、白、青这三色则常常为老百姓所用。下面两幅照片是最具代表的"老汉族"服饰。

昆明"蓝衫人"服饰

呈贡区遗存的汉族服饰也许是对早期江南汉族移民服饰保留得最完整、特征最为明显的传统服饰;西山区的汉族服饰则很好地诠释了民族聚居区中各民族间的相互融合和相互涵化的概念;而嵩明县的表演服似乎也印证了现代化的今天,文化变迁下民族服饰发展与演变的必然方向。

想一想："青色"代表平民百姓，在昆明的"老汉族"服饰里，"尚青"还有哪些寓意？

知识链接

"尚青"观念的形成与中华民族内敛的审美心理有关。以采集文化为主要形态发展起来的中国传统文化，表现出完备的母系意识和女性智慧。这种母系意识和女性智慧在新石器时代农耕文化中得到了延续并且发展到了极致，它不仅影响了中国人的思维方式和审美心理，也决定着中国文化的深层结构，使之表现出女性的心理偏向，尤其偏爱黑暗和隐秘之物，即崇尚阴柔之美。

研学活动目标

1. 熟悉关于昆明最具代表性服饰的知识，了解昆明不同服饰的特点。
2. 看昆明最具代表性的服饰，感悟不同服饰所代表的内涵。

研学线路：云南文化艺术馆

实践点：云南文化艺术馆。

任务清单：

1. 了解昆明市有哪些少数民族。
2. 观察昆明市少数民族的服饰特点以及所蕴含的文化。

第二节　采风乡情

昆明方言

　　昆明方言主要是指盘龙区、五华区、官渡区、西山区的汉语方言，有时也兼及市属各县的汉语方言。季羡林先生在《春城忆广田》一文中写道："我相信，从一个人的方言的声调中，可以听出他的性格来。"昆明方言的声调，透露着昆明人的性格：淳朴、正直、热情、忠厚。同时，季老用十六个字概括了昆明方言的特色：沉缓松弛、舒展柔和、古雅拙朴、包容开放。昆明方言语音低沉、鼻音重、不响亮，平直、少生动，舒缓、柔和、少变化。这样的方言语音特征与地理环境有着密切联系。

　　昆明方言与北方方言同出一源。与北方"官话"有不少共同之处。昆明方言是民族融合的体现。历史上，昆明地区一直与内地有所交往，并且越来越频繁和密切。公元前3世纪初，庄蹻入滇，在今天的晋城附近建立了滇王国，这是内地汉族（主要是楚人）第一次向滇池地区移民。继庄蹻之后，又有汉晋时期汉族大规模的移入。元代初期第一次设立行省，统属于中央，汉语被设为通行的语言。明代初期，大批内地的汉族军民来到云南屯垦开发，汉族人口的数量超过了其他世居民族的数量，奠定了汉语的主体地位。云南汉族的祖先，大多数是明代洪武后期从内地陆续迁移来的。其中，以江南、江西、湖广、南京一带的人最多，也有相当数量的山西、陕西、河北一带的人，大都是北方方言。这种以安徽、南京一带的江淮方言为基础而又杂有南腔北调的汉语方言，就是昆明方言的源头。华北方言对昆明方言也有一定的影响，这与官场的活动和文化教育的推行密切相关。昆明方言在形成过程中，还受到吴方言、赣方言、湘方言等的影响。昆明方言是昆明文化的载体，它反映着昆明一定历史时期的政治、经济、文化、宗教、艺术、科技、教育、习俗和居民的心理素质与性格特征。

想一想：昆明方言的语音特色与地理环境有什么关系？

知识链接

　　昆明滨临滇池，平野开阔，夏无酷暑，冬无严寒，四时之气，平和如一，素有"春城"之美誉。因而，昆明方言口音较之于云南其他方言口音，尤为沉缓松弛、舒展柔和。当然，这样的语音特征里也藏着历史文化的熏陶，昆明坝子地理环境优越，人们容易得到温饱，性情较为温和，容易形成舒适恬淡的生活态度。有这样的性情，作用在语音上，也就形成平直、舒缓、松弛、低沉的个性了。

研学活动目标

　　1. 试着用昆明方言读一读、唱一唱，在游戏场景中用一用昆明经典游戏歌和童谣，学中玩、玩中学，感受昆明方言的语音特色。
　　2. 探究游戏歌、童谣、昆明方言中蕴含的昆明历史文化。
　　3. 体会游戏歌和童谣中的昆明方言之美，传承和保护方言文化。

研学活动一：演绎游戏歌与童谣

　　老昆明记忆深处，小伙伴们每天放学回家吃过晚饭，呼朋唤友边唱童谣，边玩耍，直到大人来喊回家，才依依不舍地唱着"扁担开花，各回各家"。

　　开始玩游戏的时候，一首童谣决定哪边先开始"蹲蹲站站，蹲呢蹲，站呢站，哪边多哪边赢"。

　　大街小巷，游戏歌是昆明人欢乐的童年记忆，乡音里的快乐密码。

　　1. 乡音里的游戏歌

城门几丈高

　　"城门城门几丈高？三十六丈高！骑匹马，买把刀，钻进城来挨一刀！"

一二三——

　　"一二三，砍竹竿，四五六，掐你呢肉（ru），七八九，送你上山喂老虎。"

点点豆豆

"点点豆豆，南山咳嗽，张飞骑马，拿刀就剐，剐着一匹小——白——马！"

月亮公公

"月亮公公，打把鸡枞，鸡枞满满，架笔管管，笔管漏漏，架绿豆豆，绿豆香香，架新姜姜，新姜辣辣，架宝塔塔，宝塔高高，扭着腰腰，我家宝宝，快睡觉觉。"

躲猫猫

"躲猫猫拿耗耗，老猫不在家，耗子出来玩泥巴。咯愿啦？（躲好没有？）愿啦！（躲好了！）"

2. 乡音里的童谣

螃蟹歌

"螃呀么螃蟹（hai）哥，八呀八只脚（jio），两只大眼睛，一个硬壳壳（guo），一个螃蟹八只脚，两只眼睛那么大呢壳，两把夹夹尖又尖，走起路来么撑也撑不着，一个螃蟹八只脚，钻进水里撑也撑不着，两把夹夹尖又尖，夹着哪个么甩也甩不脱！"

丁丁糖

"丁丁糖（din din tan），丁丁糖，吃了不想娘。"

好朋友歌

"我们俩个好好，买只鸡来炒炒，你吃鸡头鸡大脑，我吃鸡皮鸡虼蚤。"

研学活动二：猜猜乡音里的地道昆明话

1. 乡音里的珍馐美味

馒馒（man man）意为：饭。

甩米线（shuai mi xian）意为：吃米线。

洋意（yang yi），意为：洋芋，即土豆。

介儿（jie er），意为：菌子。

2. 乡音里的乡土风物

干什么叫整喃样。

称赞叫板扎。

惊叹叫埋埋散。

不见了叫打石了。

慢点叫优的点。

柿子叫四花。

逛街叫赶该。

去不去叫咯去。

3. 乡音里的颜色表达

黑色叫黑不溜秋或者黑恰的。

白色叫白扎扎或者白撒的。

黄色叫黄森森或者黄爽的。

绿色叫绿（lü）阴干瞎或者绿（lü）阴的。

红色叫红彤的。

粉色叫粉咚咚呢。

紫色叫春花色。

歌舞园地中的"山茶花"——花灯

云南花灯是一朵美丽的"山茶花"，这是周恩来总理对云南花灯的评价。花灯，以昆明话为表演方言，配合着具有"崴味"的歌舞表演，因清新、秀美、活泼、载歌载舞而独树一帜。花灯极具朴素单纯、清新明朗的民间艺术特色，充满劳动人民的生活气息，以其强烈地方特色歌舞形式伴随着一代代昆明人的美好童年，是昆明人不变的美丽乡愁。过去，昆明花灯演出一般在每年春节期间举办，从农历正月初二开始，直至正月十六左右结束，有时延至月底。早期花灯演出被作为消弭灾患而娱神的一种手段，当然花灯艺术表演，以其生动感人的故事情节和艺术感染力，使人们在年终劳作之余，从中得到娱乐、享受和教益。在云南很多地方，还有"不看花灯不过年"的说法。现在，在昆明的官渡古镇、呈贡市民广场、海源寺、牛街庄等地，每逢周末，都会有一群来自昆明各地的云南花灯表演者们，早早来到公园的休闲走廊上，为昆明市民们演绎云南花灯。可见，云南花灯是深受百姓喜爱的一种传统艺术形式，展现着云南的文化和风土人情。

想一想：为昆明花灯传承与保护提出合理化建议。

知识链接

　　花灯是云南的文化瑰宝，承载着丰富的历史和文化内涵。保护花灯不仅有助于传承和弘扬中华文化，还能丰富人们的精神生活，提高人们的文化素养。让我们共同行动起来，为保护和传承花灯贡献自己的力量。只有这样，才能让这一璀璨的艺术形式在未来继续闪耀光彩。具体可以这样做：①加大宣传力度，通过各种渠道宣传昆明花灯，让更多人了解其魅力和价值。②培养花灯表演人才，建立健全花灯人才培养机制，为花灯的传承提供人才保障。③可以通过在学校设立花灯专业等方式，提高年轻一代对花灯的认知和花灯表演水平。④创新表演形式，在保持传统花灯艺术精髓的前提下，创新表演形式，使其更符合现代观众的审美需求。⑤政府扶持，政府应加大对传统花灯的保护力度，提供资金和政策支持。可以设立专项资金用于花灯剧目的挖掘、整理和出版，以及提供平台和资源支持花灯演出和推广。⑥建立戏曲数据库，通过搜集、整理和保存传统花灯戏曲文献资料，建立完整的戏曲数据库，为学术研究和艺术传承提供宝贵资料。

研学活动目标

1. 了解花灯的历史渊源与语言特色。
2. 了解花灯的分布现状及其表演艺术（花灯歌、花灯舞、花灯戏）。
3. 探究花灯与昆明地理环境之间的关系。
4. 认识花灯保护与传承现状，树立保护与传承意识。

研学线路：滇剧花灯传习馆—云南省花灯剧院

实践点1：官渡古镇古渡梨园滇剧花灯传习馆。

任务清单：

1. 了解花灯的历史渊源与语言特色。

2. 了解花灯的分布现状及其表演艺术（花灯歌、花灯舞、花灯戏）。

实践点2：云南省花灯剧院。

任务清单：

1. 看一场花灯戏演出。

2. 学习花灯舞"崴"花灯中正崴、反崴、小崴、跳颠步；学习扇子、手帕等道具的使用，从"崴味"中感受云南的山水人情。

3. 学习花灯戏表演，深入体验，感受乡音与花灯艺术的结合，体会艺术之美、乡音之美。

《阿诗玛》长诗与撒尼大三弦的地理奇遇

"马铃儿响来玉鸟儿唱，我陪阿诗玛回家乡……"，这是在石林彝族自治县最常听到的民歌。昆明石林彝族自治县以石林世界地质公园而闻名，但彝族撒尼支系的口传叙事长诗《阿诗玛》和撒尼大三弦，也特色鲜明，引人注目，分别于2006年和2008年被列入国家级非物质文化遗产保护名录。

想一想：为何在石林彝族自治县最常听到的民歌是《阿诗玛》？

在撒尼文化中，大三弦为何被认为是一种不可替代的乐器？大三弦的制作和《阿诗玛》的传承与当地的自然环境和人文历史是如何相互交织的？

知识链接

《阿诗玛》是一部流传于云南的撒尼人民间叙事长诗，深植于撒尼人的文化传统之中。撒尼大三弦，是一种在当地广泛使用的乐器，其独特的音色使其成为不可替代的音乐演奏工具。其独特的制作方法不仅展现了当地手工艺人的巧妙技艺，也赋予了撒尼大三弦独特的音质和音韵，使其在当地音乐文化中占据重要地位。

制作大三弦需要使用特定的原材料，如木材、兽皮、弦线等。这些原材料的获取与当地的自然环境密切相关。木材的选择可能取决于当地的树木种类，兽皮可能来自当地的动物，原始的制作方式可能依赖于可用的工具和资源。

大三弦制作过程相对简便，使用的主要材料包括香椿树、山羊皮和青松树。香椿树被凿成空心，山羊皮覆盖在一端，而青松树则被精加工成三弦杆，通过三根中皮线的组合，简易而精妙的大三弦便完成了。大三弦制作中使用的材料与当地自然环境息息相关。《阿诗玛》已融入撒尼人的日常生活、婚丧礼节和风俗习惯，成为一首广为传唱的代表性作品。

手工艺传承与地域文化。大三弦的制作是一门传统手工艺，依赖于当地的手工技能和传统工艺。

歌曲的创作与自然灵感。《阿诗玛》这类歌曲通常受到自然环境的启发，歌词可能描述当地的风土人情、自然景观或历史故事。

地域文化对歌曲主题的影响。歌曲的主题和情感往往受到当地人文历史和社会文化的影响。

口头传承与社会结构。《阿诗玛》这类歌曲通常通过口头传承。这种传承方式与当地社会结构和人际关系密切相关，可能在家庭、社区或特定社会群体中进行。在整个过程中，自然环境和人文历史共同塑造了大三弦的制作和《阿诗玛》的传承。这种相互关系不仅在技术层面上有所体现，也在文化传统、社会结构和地理环境的共同影响下形成。这种交织关系有助于理解非物质文化遗产是如何根植于当地环境和文化中的。

非物质文化遗产是民族历史的见证和民族文化的重要载体，撒尼人的《阿诗玛》和大三弦的传承与当地的自然环境和人文历史相互交织。然而，随着社会娱乐活动的日益丰富，这些传统乡音逐渐淡出人们的视线。这引发了人们对如何保护和传承非物质文化遗产的关切。

想一想：如何传承和保护《阿诗玛》长诗和撒尼大三弦这类优秀的非物质文化遗产？

知识链接

进行深入的地域性研究，了解《阿诗玛》长诗和撒尼大三弦的发源地和传播路径。

了解非物质文化遗产与特定地理环境的关系，包括地形、气候、土地利用等方面。确保传承地区生态系统的健康和可持续性，以维护非物质文化遗产的自然基础。

社区参与和地方治理。强调社区参与和地方治理，因为地理位置和社区结构对文化传承至关重要。建立社区组织，让当地居民参与非物质文化遗产的保护和传承。

地方政策支持。地方政府应该采取积极的政策措施，鼓励非物质文化遗产的传承。

地理信息系统应用。利用GIS（地理信息系统）技术，建立非物质文化遗产的地理信息数据库，以便更好地管理和保护这些文化元素，这可以帮助追踪传承地点、相关活动的地理位置和时空变化。

旅游规划。对于那些与旅游有关的非物质文化遗产，需要进行谨慎的旅游规划，以防止过度开发和商业化对传承的负面影响。

区域合作。如果非物质文化遗产跨越地理边界，需要促进区域合作。

综合考虑自然环境、社会文化和地方治理，可以更全面地理解并有效地传承和保护非物质文化遗产。

研学活动目标

本次研学活动，包含对地理环境的观察，也融入了对当地文化的体验。

1. 认识撒尼人民间叙事长诗《阿诗玛》，挖掘其中蕴含的地理知识。
2. 与当地人交流，认识并体验大三弦，了解其在彝族社会中的角色。

3. 学生分小组探讨撒尼人民间叙事长诗《阿诗玛》与大三弦之间的文化联系，以及它们与地理环境的关系。

> **研学线路：** 长湖镇（阿诗玛传承人王玉芳老人家）

实践点： 长湖镇。

任务清单：

1. 小组分析《阿诗玛》中的地理元素，评估学生对阿着底地理位置、自然环境和石林喀斯特地貌的理解程度。

2. 跟随王玉芳老人学习吟唱《阿诗玛》，评估其口头表达和音乐表达的能力。

3. 鼓励学生分享他们对《阿诗玛》的个人理解，加深对地理文化背景的感悟。

4. 在口头传承与地理认同的讨论中，将地理学科知识融入对《阿诗玛》的理解中。

5. 跟随当地人学习制作大三弦，通过观察大三弦制作过程中使用的材料与当地自然环境的关联性，检测对现实情景中地理环境的观察与理解。

6. 观察学生在大三弦音乐和当地人载歌载舞的互动中的参与度，评估其对当地文化体验的深度。

演绎昆明乡音之美：滇剧地理研学之旅

滇剧是中国云南省的传统地方戏曲剧种之一，它起源于明代中期，经过多个时期的演变和发展，形成了独特的风格。它以昆明官话为标准语言，表演艺术与京剧十分相似，但在声腔艺术上有很大区别。受云南民族民间音乐的滋养，滇剧板式丰富、多变、流畅，剧目能表现各种题材、样式、结构和情调，恢宏时高亢激昂，委婉处如小桥流水，独具艺术个性和风格，被誉为"滇粹"。滇剧的演员穿着具有浓厚地方特色的戏服，精心设计的戏曲妆容也是滇剧表演的一大特色，既突出了角色形象，又彰显了地方风情。2008年经国务院批准，滇剧被列入第二批国家级非物质文化遗产名录。经过长时间的发展演变，形成了独具特色的艺术风格。滇剧在中国南方地区具有重要的地位，被认为是云南的文化瑰宝之一。

想一想：滇剧被认为是昆明的文化瑰宝之一，运用昆明方言演绎有何特殊的地位？昆明市的地理环境如何影响了滇剧的发展？

本次研学活动旨在通过深入了解滇剧与昆明地理环境之间的关系，培养学生对昆明地理环境的自然特征和文化背景的认知。在前期学习准备阶段，学生通过学习滇剧的历史和表演风格，为实地考察打下基础。在实地考察阶段，通过亲身感受滇剧在昆明地理环境中的表现，特别关注昆明官话和乡音在滇剧中的呈现。最终的活动评估主要包括学生报告和展示的效果，以及小组合作的评估，确保学生在研学活动中全面发展了解昆明地理环境和滇剧关系的能力。

知识链接

昆明方言在滇剧中的运用具有文化认同和地域性特色。在滇剧表演中使用昆明方言有以下特殊之处：①文化认同。昆明方言的使用强化了滇剧与昆明地区的文化联系，有助于建立观众与表演之间的文化共鸣和认同感。②地域性特色。通过在滇剧中运用昆明方言，使得滇剧更具有地方特色，有助于凸显昆明在滇剧表演中的独特地位，使其在云南各地区表演中有所区别。③传承与认知。使用昆明方言有助于传承滇剧的当地口音和表演传统，观众通过昆明方言更容易理解和感受到剧中角色与地域文化的紧密联系。

昆明市地理环境对滇剧的影响：①地形与自然资源。昆明市位于云南省中部，其地形、气候和自然资源影响了滇剧的发展。例如，昆明宜人的气候促进了戏剧活动的频繁举行，有助于滇剧的传播与发展。②文化交流中心。作为云南省的省会，这有助于滇剧在不同地区间的传播，使其在全省范围内更具影响力。③人口和社会结构。昆明市相对较多的人口和多元的社会结构，为滇剧提供了广泛的观众基础，有助于滇剧在昆明市得到更多的关注和支持，推动其传承和发展。④旅游业的影响。昆明作为旅游胜地，吸引了大量游客，滇剧作为当地的文化表达形式，可以通过旅游业得到更广泛的传播，为滇剧提供了在国内外舞台上展示自己的机会。

研学活动目标

1. 了解滇剧的历史渊源与语言特色。
2. 探究滇剧与昆明地理环境之间的关系。
3. 培养学生的实地考察和团队合作能力。

研学线路：云南省滇剧院

任务清单：

1. 前期学习准备

学生将通过前期学习准备，深入学习滇剧的历史渊源、表演风格，并探讨其与昆明当地自然环境的关系。

2. 实地考察

（1）滇剧表演现场：参观云南省滇剧院，深入了解滇剧的表演技巧，并与演员互动，感知滇剧与昆明地理环境的结合。在实地考察中观察滇剧如何反映昆明地理环境，特别关注昆明官话和乡音在滇剧中的体现。

（2）欣赏滇剧魅力：在云南省滇剧院欣赏以张桂梅事迹为创作灵感的滇剧《张桂梅》，此剧通过巧妙编排，生动展现了张桂梅平凡人生中的不凡经历。

（3）文化交流与总结阶段：与滇剧表演者交谈，深入了解他们眼中昆明地理环境在滇剧中的体现。

（4）学生总结与展示：制作展板或报告，分享对滇剧与昆明地理环境关系的认识。

第六章

古滇名城

约三万年前，即有人类生活在滇池地区。昆明人的祖先在这一带过着茹毛饮血、穴居野处的原始生活。约四千至七千年前，滇池一带已有了定居的农业民族，从事"刀耕火种"的原始农业和狩猎、饲养畜禽等多种经营活动，并已能纺纱、织布。滇池地区的稻谷种植至今已经有数千年的历史。昆明，一个古老而富有魅力的城市，历史悠久，文化底蕴深厚。在这一章中，我们将深入探索昆明的历史，揭示这个城市如何在岁月的长河中逐渐发展成为云南的政治、经济、文化中心。

第一节 撷秀名城

揽秀古城

昆明古城

唐代，南诏王阁罗凤派其子凤伽异在滇池北岸建立了拓东城（一作"柘东城"），城址就在今昆明市城区内。南诏后期，拓东城也叫鄯阐城（一作"善阐城"），此后在大理国和元朝时期，当地都以叫鄯阐为主。所以，鄯阐是昆明城历史上使用时间比较长的古老名称之一。鄯阐城的位置大致在今盘龙江以西，鸡鸣桥以东，长春路以南，双龙桥以北，现在的忠爱坊、金马碧鸡坊、南城清真寺、东寺塔、西寺塔都在城内。元代鄯阐城保留到近现代的遗迹还有几处。东寺塔和西寺塔始建于南诏时期，直到元代一直都是城中的重要名胜，经过历代多次维修重建，现仍巍然屹立。昆明东寺塔和西寺塔又称常乐寺塔和惠光寺塔，东寺塔坐落于书林街，西寺塔坐落于东寺街，双塔遥遥相望。

明代初年修建的云南府城用砖砌筑，高二丈九尺二寸，周围九里三分，形状是一个不太规则的梯形，西北面呈长方形，东南面呈三角形。据说当年筑城的总设计师汪湛海是一位著名的风水家，他把云南府城的形状设计成龟形，是要和位于城北面的蛇山气脉相接，以便形成"龟蛇相交"之势，含义深刻。

东寺塔

南门位置在今市中心百货大楼前的街心花园处,门称"丽正",楼名"近日"。从近日楼起,城墙沿今东风路西行,到与武成路交叉处,就是小西门,门称"威远",楼名"康阜"。城墙自小西门北行,经过今南疆宾馆一带,上坡到与文林街、龙翔街交叉处今新建设电影院前,为大西门,门称"宝成",楼名"拓边"。从大西门起,城墙沿今建设路北行,至建设路与一二一大街交叉处折而向东,穿过今云南大学校本部,至今北门街北端昆三十中门前,为北门,门称"拱辰",楼名"望京"。此后,城墙穿过圆通山北麓继续东行,至一窝羊折而向南,至今圆通山动物园大门附近,为小东门,门称"敷泽",楼名"璧光"。从小东门起,城墙沿今青年路一直南行,右近小花园位置,有大东门,门称"咸和",楼名"殷春"。东城墙南行至今青年路与东风路交叉处折而向西。这里的城墙拐角上,建有一座鼓楼,名"启文楼"。从启文楼开始的南城墙沿今南屏街西行至南门,便围成了这座作为云南省省会的云南府了。云南府城用砖包砌,中间则用土夯筑。取土地点在城墙外,顺便就挖成了护城河。

云南府城,经历五百多年以后,完成了它的历史使命。云南府城虽已拆除半个世纪,但遗迹也不少。圆通山动物园大门内东面,遗留有仅存的一段城墙。云南大学校园内老图书馆东侧的道路要通过一个隘口,也可以明显看出这就是老城城墙的遗址所在。省歌舞团院内也还留有部分老城夯土的遗迹。建设路在修建以前,原是一个苗圃,地势明显要低得多,这就是护城河的遗迹。

20世纪50年代,因拓建昆明市中心横贯东西的东风路,近日楼被拆除。现如今的近日楼在原址的基础上南移了近九百米,原先的忠爱坊、金马碧鸡坊也在它的北面,建成恢复"老昆明"风貌的步行街。

"昆明老街"位于昆明市五华区护国街道办事处辖区内,东起正义路,西至云瑞西路,北至人民中路(含文庙),南至景星街南廊,涵盖了街区内十多条老街巷。区域内拥有省市区挂牌保护的历代建筑23处,传统建筑占街区总面积的一半以上。由于昆明市城市建设发展快速,经过旧城拆迁改造后,作为首批全国历史文化名城的昆明市,具有历史文化价值的成片街区只剩下这一处。昆明市政府要求,在"昆明老街"的保护建设中,要保留老街道的整体风貌,维持街区内各条街道的走向及其名称,不做任何更改,维护好街区内省市区认定的文物保护建筑。

昆明老街 　　　　　　　　福林堂

想一想：保护历史古迹的措施有哪些？

官渡古镇

　　官渡古镇，著名历史文化古镇，滇文化发祥地之一。它位于昆明市南部，离市中心约10千米。官渡的魅力在于一个古字，古镇的古塔、古寺、古街、古巷、古桥、古井、古树、古民居等星罗棋布，在不到1.5平方千米的面积内汇聚着唐、宋、元、明、清时期的五山、六寺、七阁、八庙。古镇的八景——古渡渔灯、螺峰叠翠、云台月照、杏圃牧羊、凌云烟绕、滇南草坪、金刚夜语、笔写苍穹，构成了历史上最具韵味的风景。昆明有句老话，千年古城看官渡。官渡古镇文化古迹众多，人文景观丰富，现有国家、省、市、区重点文物保护单位10余处，文物古迹30余处。古镇文化积淀深厚，民间习俗传承千年，风味独特的小吃，使古风古韵的官渡成为历代繁华的小镇，自

官渡古镇

古被称为"小云南"。官渡古镇是城市中活着的古镇,为云南省十大旅游名镇之一。

> 碧鸡街道

碧鸡街道位于昆明市西山区中部,东临滇池,西接安宁,南连海口街道,北接团结街道。总面积76.73平方千米。境内最高峰罗汉峰,海拔2551米,最低海拔1885米(滇池水面)。这里气候温和、冬暖夏凉,境内水资源丰富,有高原明珠滇池。

碧鸡街道有三景,明珠滇池、西山睡美人和龙门石窟,著名的西山风景区、观音山风景区、升庵祠、西园别墅以及众多的古刹名寺错落有致,点缀其间,形成了惊艳的景致。

滇池　　　　　　　　　　　龙门

回顾:滇池、西山的形成过程。

> 知识链接

滇池属地震断层陷落型湖泊,其形成可追溯至中生代末与新生代初(距今约7000万年)。当时,古盘龙江已初步发育,长期的流水侵蚀作用,使昆明附近成为宽浅的谷地。到新生代中新世晚期(约在1200万年前),云南大地发生多次间歇性的不等量上升,后又出现南北向的大断裂。断层线以西,地壳抬升,形成山体陡峻的西山,似从湖畔拔地而起;断层线以东相对下沉,加之晋宁区西南部与玉溪市交界的刺桐关山地的抬升,导致古盘龙江南流通路被阻,积水而成为古滇池。

竞秀周边古村

春城昆明，历史悠久，文化底蕴深厚，自然风光优美，是国务院1982年公布的首批24座历史文化名城之一。在昆明主城周边，分布着一些传统的古村落，承载着悠久的历史与美丽乡愁，风景秀丽，乡风淳朴，韵味悠长。

晋城古镇

晋城古镇位于滇池东南岸的晋宁区晋城街道，三面环山，一面是滨湖丘陵平原。它是古滇国都邑，也是滇文化的发祥地和中心所在。在建筑史和城建史上，晋城古镇具有特殊的地位，至今仍保留着明清两代的城建布局，占地60余万平方米。古镇的街道呈田字形，由上西街、下西街、官井街等八条街道组成，这种格局自明万历年间一直保留至今。古镇的民居院落多为"干栏式"或"一颗印"结构，采用"三间四耳"和"两间两耳"四合院布局。这些民居抬梁穿斗式屋架，重檐歇山式组合，雕花格子门窗，刻龙饰凤，花木浮雕，精致而富于变化，得到中外专家们极高的评价。

此外，古镇的民宅里几乎都有一口古水井，当地人称"私井"。这些水井不是设在四合院的天井内，而是设在厨房的灶边，非常方便取用。与私井相映成趣的是宅外街边也散布着一些水井，称为"官井"，官井街因此而得名。这些古井有一个与众不同的特点：井口很小，仅有20厘米左右；井栏两侧各有一个对称的小孔。据当地老人解释，井口小是为了防止有人投井寻短见，井栏两侧的小孔则是为了给井盖上锁，以防歹人投毒。

晋城古镇民居图 　　　　　　晋城古镇古井

除了独特的建筑风格和古井之外，晋城古镇还有许多景点。在这里可以感受到古滇文化的深厚底蕴，体验当地的美食和民俗文化。

乐居村

乐居村隶属于云南省昆明市西山区团结街道龙潭社区行政村，属于半山区，有六百多年的建村历史。元末明初，现乐居村山坡前有一条永胜河，每当河水泛滥，整个龙潭坝都是一片沼泽地，不宜居住，所以乐居人被迫在坡地选址建村，经过若干年水道治理，成功将河水引流，龙潭地区也成为适宜耕作的坝区，为乐居村的发展壮大奠定了基础。

明洪武十四年（1381年），明军进入云南，龙潭被划为昆明县右所垦区的石鼻里，在此定居的明军将生活方式和北方的四合院文化与当地传统文化结合，形成了"一颗印"建筑形式，乐居村历史上第一次得到较大规模发展。

清末民初，乐居村得到井喷式发展。原来聚居在滇池附近的彝族先民因为地区民族冲突大规模迁入乐居村，由于受到乐居地形地貌和风土人情的影响，决定定居的彝族先民选择延续乐居地区传统的"一颗印"民居形式，大量建造民居，将乐居村建成了以"一颗印"和"半颗印"建筑为主的彝族传统村落，并发展延续至今。

乐居村村口 　　　　　　　　乐居村聚落

糯黑村

在昆明石林的圭山镇西边有一个有六百年历史的糯黑村，又名"石头寨"。从昆明出发，沿着九石阿旅游专线至石林景区生态文化园，再往圭山方向行30千米左右的路边有"糯黑石头寨"的山门标志。

· 105 ·

糯黑村处于岩溶喀斯特地貌发育区，附近的群山多为石山，人们上山采石，依照石头的纹理层次开采，改制成大小不等的石条、石板，用来建造房屋，建成呈南北向延伸的条状聚落。古老的村民在平整的地方凿石，依山建寨，据说，挖地基时挖出的石头就够盖一间房子了，现在仍是这样。糯黑民居为封闭式石木建筑，用上过紫红油漆的木材做梁架、门窗，外墙用石板、石块垒砌，内墙用石灰粉刷，屋顶铺扁瓦盖筒瓦。民居布局为楼上楼下两层，三间正房、两间耳房，糯黑村与著名的老圭山遥遥相望，四周青山环绕。村里，几乎家家户户的屋后都有几棵百年老树，细而密的枝叶伸展在石板房上，房前大都栽有一蓬蓬金竹。人在寨中，抬头一片蓝天，放眼葱葱郁郁，一青一绿一蓝，三色交相映衬出撒尼人生活的天地。

糯黑村村口　　　　　　　　　　糯黑村聚落

福安村

福安村隶属晋宁区新街村，地处新街村南边，距村委会所在地3千米，到新街村的道路为土路，交通方便，距晋宁区27千米。村落形成于明代，原名黄土坡。明末战乱后，据"居之安、平为福"之意改为福安。

村落传统建筑主要有：悲愍寺，建于雍正十年（1732年）；关圣宫，建于光绪十四年（1888年）；等等。村落坐南望北，依山而建，村中央有一条青石板铺成的路面，该路段自有村落至今一直都是村里人们出入的必经之路，也是村中赶集的地方，所以在村中也称得上是老街了。街道两边是传统民居，均为土木结构，瓦屋面，有部分民居内还存有雕刻精美的小木作，天井用青石板铺成，具有一定的历史价值和艺术价值，保存相对完整，而且建筑物较为集中。福安村有一条古河道，水源充足，为当地村民的生产和生活提供了便利。

2013年，福安村入选中国传统村落保护名录，2018年，福安村挂牌成为"中国传统村落"。走进村里，青石板路磨得光亮，一丛丛小花在路边娇艳绽放，"一颗印"老宅子、传统夯土房散布在红砖楼房之间，在这些古建筑上，历史的印迹随处可见。传统古民居配合村落内的古井、古牌坊、古巷、古寺、古树，这"六古"元素，使整个村庄中心地带依旧保持传统风貌。

福安村村落　　　　　　　　福安村景观

研学活动目标

1. 查阅资料，了解昆明主城区古城的历史变迁。
2. 面对城市发展中人口增多和建设用地需求增多的现状，讨论城市发展和旧城保护的关系。
3. 结合碧鸡街镇主要的景观特点，分析景观的形成过程。
4. 分析昆明地形、气候、河流等要素，思考建筑与自然环境的关系。

研学路线一：昆明老街

实践点：文庙直街→光华街→甬道街→景星街→文明街→钱王街。

任务清单：

1. 查阅资料，了解昆明主城区古城的历史变迁。
2. 了解昆明老街街区内的业态格局。
3. 面对城市发展中人口增多和建设用地需求增多的现状，讨论昆明城市发展和旧城保护的关系。

研学路线二：官渡古镇

实践点：古镇牌坊广场→云子棋院→滇派面塑体验馆→滇派内画艺术研

究中心→绿雪斋艺术馆→滇池船艺博物馆→"非遗"基地→九转花街→凡爵艺术馆→乌铜走银传习馆→饵块传习馆→文明阁古建筑群→碑林博物馆。

任务清单：

1. 查阅资料，了解官渡古镇成为滇池船舶往来的重要渡口的区位条件。

2. 查阅资料，了解碑林博物馆的历史文化和艺术价值。

3. 学习传统技艺，了解传统文化。

研学路线三：晋城古镇/乐居村/糯黑村/福安村

任务清单：

1. 仔细观察，分析聚落的分布特征。

2. 仔细观察，分析聚落的内部结构。

3. 查阅资料，分析聚落地域文化与城乡景观：彝族文化、"一颗印"、"石头寨"。

4. 走访村民，了解聚落产业结构变化。

5. 采访村委会，获取聚落环境保护措施。

第二节　考古遗迹

一坊一史满春城

一牌坊：金马碧鸡坊

金马碧鸡坊始建于明宣德年间，已有近四百年的历史。它原本是石牌坊，清咸丰七年（1857年）毁于战火，光绪十年（1884年）又重修，1966年被完全拆毁。现在的牌坊是1998年按照原貌重建的。金马、碧鸡两坊相隔数十米，均为门楼式木构牌坊，外形相近，金马坊上画骏马、碧鸡坊上画凤凰，人们又合称它们为"一牌坊"，金马、碧鸡两坊与先于其而建的忠爱坊鼎足而立，形成"品字三牌坊"的独特景观。

金马碧鸡坊

当太阳将落，余晖从西边照射碧鸡坊，它的倒影投到东面街上；同时，月亮则刚从东方升起，银色的光芒照射金马坊，将它的倒影投到西边街面上；两个牌坊的影子，渐移渐近，最后互相交接。这就是"金碧交辉"的奇观。由于地球、月亮、太阳运转的角度关系，这样的景致要每60年才能出现一次。相传，清道光年间，这个奇观曾经出现过一次。"金马碧鸡坊"的设计体现了古代云南人在数学、天文学和建筑学方面的造诣。

二牌坊：忠爱坊

忠爱坊始建于明洪武年间，为朱元璋的开国功臣黔宁王沐英及云南百姓为纪念元代著名政治家赛典赤而建，是云南最早兴建的纪功坊之一。忠爱坊为四墩三门，斗拱飞檐、琉璃屋面，其命运多舛，历史上屡建屡毁，又屡毁屡建。清康熙三十四年（1695年）、嘉庆十八年（1813年）、咸丰七年（1857年）和光绪十年（1884年）均重建。1924年又毁于火灾，1999年第六次重建。重建之时，有关人士表示，原忠爱坊坊额"忠爱"二字系沐英题书，取自忽必烈对赛典赤"忧国爱民"的评价。可惜沐英字迹已难以寻觅，当时的昆明市园林局便想方设法拓来清末云南著名学者和书法家赵藩的手书字体，弥补了些许遗憾。

忠爱坊

三牌坊：天开云瑞坊

从昆明城南门外的第一道牌坊金马碧鸡坊，到三市街的第二道牌坊忠爱坊，在威远街和东院街交叉点上的"天开云瑞坊"即是"三牌坊"。

天开云瑞坊始建于明代，原来的额题是"怀柔六诏""平定百蛮"。清道光八年（1828年）重修三牌坊，呈贡人孙铸重书坊额，南面为"天开云瑞"，北面为"地靖坤维"。"天开"一词出自宋大理国年号，"云瑞"象征吉祥，从此人们便称此坊为"云瑞坊"或"三牌坊"，如今的云瑞东路、云瑞西路就是因牌坊而得名。

天开云瑞坊

牌坊毁于1941年日本侵略者对昆明的轰炸。据说，云瑞坊历史上位于抗战胜利纪念堂博物馆对面，如今这里已变成公园，看不出丝毫牌坊存在过的痕迹。

四牌坊：万寿无疆坊

清康熙二十六年（1687年），由于奉旨得减屯额，本地官员在五华山上立"万寿无疆坊"，以感谢皇恩浩荡，被人们称为"四牌坊"。万寿无疆坊原在正义路尽头五华山上，于道光年间毁于火灾。万寿无疆坊不仅文字记载甚少，甚至连一张照片也遍寻不着。

昆明市内的牌坊还有：观音山节孝石牌坊，位于昆明市西山区观音山村内，立于清乾隆五十七年（1792年）；通海河西李戴氏节孝牌坊，位于通海县河西镇观音阁左旁，为一"节孝"坊，清嘉庆二十四年（1819年）建，用青石料制成，门楼式四柱三门抬梁；滇池大观楼石牌坊，位于昆明市滇池畔，是一座具有独特风格的古典牌坊，它是大观楼公园的入口标志，也是昆明市的重要景观之一；真庆观石牌坊，位于昆明市盘龙区，是一座具有道教特色的古典牌坊，它是真庆观古建筑群的一部分，也是昆明市的重要文化遗址之一。除此之外，还有许多承载着历史记忆的牌坊矗立在春城的各个角落。

想一想：不同功能的牌坊建设有什么区别？

知识链接

关于牌坊的来源，有两种说法，一种说法认为它是由衡门演变而来的。春秋时代的《诗经》中，便有相关介绍："衡门之下，可以栖迟。"所谓衡门，是由两根柱子架一根横梁所组成，应该是牌坊的"老祖宗"。据专家研究，唐代城市是以里坊制来划分管理的，在坊与坊之间有墙相隔，坊墙中央设有门，以便通行，称为坊门。这门没有多大的作用，逐渐演变为纯粹的装饰建筑，于是百姓逐渐地称这种坊门为牌坊。一种说法，牌坊是由棂星门演变而来的。棂星原作灵星，即天田星。汉高祖刘邦规定，祭天先祭灵星。到宋仁宗天圣六年（1028年），筑郊台外垣，设置灵星门。后来，又把这种祭天的仪式，移植到祭拜孔子的仪式上。古人认为汉代祭祀灵星，是为了祈求丰年，与孔庙无关。宋元以后，尤其是明清，这种建筑不仅置于郊坛、孔庙，还建于寺庙、陵墓、祠堂、衙署和园林前或街旁、里前、路口，不仅用于祭天、祠孔，还用于褒扬功德、旌表节烈等，于是，灵星门一变再变，最后就变为现在的牌坊。

牌坊大致可分为四个等级：第一御制牌坊，为最高级别。它是由皇帝亲自下旨，国库出资建造。第二恩荣牌坊，为第二级别。它是由皇帝下旨，地方财政出资建造。第三圣旨牌坊，第三级别。它是由皇帝下旨，自己出资建造的。第四赐赠牌坊，为第四级别。它是由皇帝口头同意，自己出资建造的。御制牌坊、恩荣牌坊、圣旨牌坊和赐赠牌坊等级不同，建立的地方也明显不同。

牌坊之处最繁华

到清末时，昆明商业活动在城内以三、四级牌坊一带最为活跃，在城外则以南门外最为繁忙。三牌坊附近算是昆明最大的农贸市场，卖菜的、卖肉的挤攘不开，三牌坊两边有二三十张肉案，肉案两端是菜摊，卖菜的小贩常因争地摊而吵闹。民国时期，警察每天在此必办两件事：清早催叫店铺开门营业，把好睡懒觉的商人叫醒；拿出警棍，维持秩序，时常搞得市场叫声不迭。每年的元宵节前，这里还卖灯笼，一到夜间就灯火明亮。牌坊东廊是忠信祥火腿铺，西廊是仁和园过桥米线馆。现在，以金马碧鸡坊为中心的地带已成为昆明市的核心区，是昆明市的中央商务区。

活跃的牌坊经济

想一想：为什么牌坊所在处经济活动较为活跃？

一桥一景越古今

老昆明城傍滇池而建，水网纵横交错，曾是一座真正的水城。有水必有桥，古往今来，昆明修建了上千座桥，也因此与桥结下了不解之缘。岁月几经变迁，留存至今的古桥凝聚着古人的智慧和匠心，更承载着春城的历史往昔，已然成为宝贵的历史文化遗产。走一座桥，看一处风景。一座座古桥，就如人间彩虹，连接着古今。盘龙江，像一条玉带一样从昆明穿城而过，它是流入滇池最长、最大的一条河，由北向南纵穿昆明城，千百年来流淌不息。据记载，在古时的昆明城，水运是重要的交通方式，因为盘龙江穿城而过，其成为主要船运通道。据《六河图说》记载，盘龙江及其支流上的大小桥就有三十余座，龙川桥、霖雨桥、登龙桥、五桂桥、白鹤桥、云津桥、双龙桥、迎仙桥……

盘龙江第一桥——龙川桥

在盘龙江上游盘龙区龙泉街道办事处上坝村东段，有一座南北横跨盘龙江上游的"盘龙江第一桥"——龙川桥，始建于元世祖至元十五年（1278年），于清光绪十九年（1893年）重修。桥之北有"滚龙坝"，坝高河低，洪水直泻如"滚龙"分三股穿桥而过，故名

龙川桥

龙川桥。龙川桥是一座三孔石拱桥，长45米、宽10.3米，中孔高5米、其他两孔各高3.2米，桥身用长方形黄砂石砌成，桥面两侧有石条护栏，因年代久远，早就残存无几，如今已修葺一新。龙川桥之功用在于分盘龙江水入金汁河，以扩大北郊农田灌溉面积，是研究古代盘龙江流域水利设施的重要例证，迄今已有700多年历史。

2020年2月，龙川桥被列为昆明市第七批市级文物保护单位。

古桥杰作——霖雨桥

在盘龙江上游霖雨路与江东花园北路区间段，有一座盘龙江上最长的古桥——霖雨桥，始建于明代，清圣祖四十九年（1710年）重修，现保存状况基本完好。

霖雨桥为三孔圆拱石桥，长45米、宽10米、高10余米，造型古朴、坡度平缓、孔拱匀称，桥面两侧原以较大石板为护栏，桥身桥拱皆用"五面平"长方形石条砌筑，拱分两层，下层用楔形石条铺砌，上层则以长方形石条铺砌，桥面用石大小不一，是昆明古桥建筑的佳作。

霖雨桥的名字来历与求雨有关。在古代，每次遭遇旱灾，官府大员都要到龙泉观（今黑龙潭）祭龙求雨，而霖雨桥就是必经之地。据说，过此桥求雨，有求则必应。昆明坊间传说，清道光年间，时任云贵总督遇昆明大旱，前往黑龙潭求雨。起轿回府时，轿前骄阳似火，轿后却乌云翻滚。登上此桥，更是雷雨交加、大雨倾盆，轿前的抬夫还在暴晒之下、大汗淋漓，轿后的抬夫却暴雨浇头、全身湿透。众人称奇不已，称此桥为"霖雨桥"，有"久旱逢甘霖"之意。

霖雨桥

见证起义——护国桥

护国桥架于盘龙江护国路与东风路交叉口段，是由白鹤桥于1919年修整后改称的，因纪念1915年云南起义讨伐袁世凯复辟帝制的护国运动而得名。

护国桥长23米、宽17.5米，是一座

护国桥

中西合璧、古朴典雅的双拱石桥。桥面东西两侧各嵌石雕龙头，桥拱穹顶上镌刻有"护国桥民国八年孟夏月建造"字迹。1915年，袁世凯复辟帝制。在蔡锷、唐继尧、李烈钧等人领导下，云南于同年12月25日通电全国反对袁世凯复辟称帝，宣布云南起义，成立军都督府，编组护国军出师讨伐。云南敢为天下先的义举震撼全国，在南方各省响应下，迫使袁世凯下台，取得护国运动的胜利。

护国运动，是中国历史上首次由云南发起，进而影响全国历史进程的重大事件，彻底粉碎了封建帝制的延续阴谋，挽救民族于危难之中。护国桥的存在，向世人展示着护国起义的历史功绩。

据统计，昆明共有桥梁文物（含一般不可移动文物）171项。每一座桥梁都是一道别样的风景，在历史的变迁中慢慢走到今天，讲述着春城的历史，各式各样的古桥承载着昆明浓厚的历史底蕴和文化气息。

想一想：石桥如何彰显一座城市的文化底蕴？

研学活动目标

1. 查阅资料，了解牌坊建造的发展历史及其底蕴。
2. 走访昆明市境内的代表性牌坊，熟悉昆明牌坊的建造特点，了解牌坊历史。
3. 探寻昆明市的石桥，了解石桥的建筑结构特点。
4. 了解昆明石桥的历史背景，分析石桥建设对区域发展的促进作用。

研学路线一：南屏街

实践点1：金马碧鸡坊。

任务清单：

1. 查阅资料，了解金马碧鸡坊的建设背景和建筑特点。
2. 绘制金马碧鸡坊的景观图，感受中国古建筑的结构之美、色调之美。
3. 查阅资料并实地走访，了解金马碧鸡坊的变迁与昆明市历史变迁之间的关系。

实践点2：忠爱坊。

任务清单：

1. 查阅史料，了解忠爱坊的建设背景，说明建设忠爱坊对当时社会的意义。

2. 绘制金马碧鸡坊到忠爱坊的线路图，结合资料说明牌坊建设对昆明不同阶段发展的意义。

研学路线二：盘龙江沿线

实践点1：龙川桥。

任务清单：

1. 实地探寻龙川桥，了解龙川桥的结构特征，能从不同角度描述所观察的建筑物。

2. 观赏龙川桥与周围环境之间的协调之美，提升认识美、理解美、欣赏美和创造美的能力。

3. 思考昆明建设龙川桥的社会意义和经济意义。

实践点2：霖雨桥。

任务清单：

1. 了解霖雨桥建设的社会背景，形成正确的人地关系观念。

2. 探究霖雨桥的建筑结构，分析霖雨桥经久不倒的原因。

3. 结合霖雨桥的建设历史及其区位，说明霖雨桥对周边地区的影响。

实践点3：护国桥。

任务清单：

1. 了解护国桥建设的历史背景，描述昆明参与的不屈不挠的革命斗争历史。

2. 描述建桥历史，形成正确的历史观念，尊重历史，创造未来。

第七章

美食都会

一方水土养育一方人，春城美食还得益于春城的自然特征。由于春城四季如春，全年温暖湿润，地处云贵高原，地形地貌复杂，加之多种多样的森林类型和土壤类型，使得外地游客纷纷感慨——"这里一定有你未曾吃过的食物和未曾嗅过的香气"。最本土的舌尖美食才是最打动人的"风土人情"。

第一节 撷秀风味

昆明，由于长期以来多民族聚居以及多种特色文化不断碰撞与沉淀，使得当地文化不断融合发展。此外，由于区域内地形差距大，有"山下花开山上雪""踊山分四季"的特点，结合当地常年温润的气候，诞生了丰富的物产。昆明的美食也因此向多样化发展，逐渐孕育出了一片闻名的"美食绿洲"。

洋芋

土豆是中国五大主食之一，营养价值高、对环境适应性强、产量大，仅次于小麦和玉米，是全球第三大粮食作物。土豆也是昆明东川区盛产的主要粮食作物之一，当地俗称"洋芋"。《古今东川读本》记载，洋芋自17世纪中叶以后传入东川，经过不断改良，逐步取代了山区低产的荞子、燕麦等农作物。

"东川大洋芋"以"李子沟开花洋芋"为典型，因煮熟后像绽开的花瓣而得名。东川区李子沟村坐落在云雾缭绕、壮丽秀美的"牯牛寨"半山腰，海拔2200~2700米，年均气温11℃~18℃，山高谷深，环境幽雅，气候宜人。土壤以黄棕壤、棕壤为主，自然肥力较高，理化性状良好，保肥、保水能力强，所含有的有机质、碱解氮、有效磷和速效钾等四种养分较高，pH值5.2~5.9，特别适宜洋芋生长。独特的生长环境和土壤特性孕育的李子沟洋芋，皮红，蒸煮后肉金黄，外沙里糯，口感甘沙，味道绝佳，俗称"开花洋芋"。东川洋芋淀粉含量高、营养丰富，尤以粗纤维、蛋白质、铁、维生素B_1和B_2的含量最为丰富，有"东川大洋芋"精品之美誉。东川大洋芋（李子沟开花洋芋）是民间流传的"东川三宝"之一，已经注册了商标专利，每年均参加农博会进行展销。

东川洋芋 　　　　　　　　开花洋芋

对于洋芋的吃法，世界各地的人们充分发挥各自的聪明和想象，从最原始的柴火烤着吃，慢慢引申为现在的煎、炸、炒、煮、炖等五花八门的吃法。但最为推崇的莫过于水蒸煮洋芋，也是最原汁原味的吃法。用高压锅加上一碗水

东川洋芋

加热，蒸气上来以后10分钟左右便可呈上芋香浓郁、皮脆肉面的"开花洋芋"了，再配上蘸酱和自制火烧青辣椒蘸水，美味至极！洋芋菜系目前已被开发到了极致，东川人将鸡与洋芋巧妙结合，让外地来的客人饱了口福。登得大雅之堂的还有：蒸洋芋，牛肉煮洋芋，老奶洋芋，炸酥芋片，油炸洋芋丝，烤大洋芋，炸洋芋条，洋芋粑粑，酸辣洋芋丝（片）汤……林林总总，不胜枚举，简直就是洋芋的盛宴。

想一想：为什么东川洋芋品质好？

知识链接

东川地处云贵高原北部边缘，境内山高谷深，地势陡峻，以小江为界，东侧为乌蒙山系，最高峰"牯牛寨"海拔4017.3米；西部为拱王山系，最高峰"雪岭"海拔4344.1米，是典型的深切割高山峡谷地貌。一般海拔2500米左右的山区，土层深厚，土壤结构疏松，中性或微酸性的黄棕壤、棕壤、沙壤和红壤，都适宜洋芋生长。

第七章　美食都会

· 119 ·

粑粑

饼，在云南被称作"粑粑"，是云南人非常喜爱的食物之一。到了云南你会感叹云南的"粑粑"竟有如此丰富的做法。

在云南粑粑中，昆明的"官渡粑粑"很有名气。"官渡粑粑"是一种深受昆明人喜爱的街头小吃，因其制作工艺独特，2009年被列入昆明市第二批非物质文化遗产保护名录。

制作官渡粑粑

作家陶振曾在文章中写道："我不说爱昆明地处高原，气候像瑞士的日内瓦，夏不热，冬不冷；也不说爱一汪滇池水，养育昆明一城人。我只说我生活的一个地方——官渡，我爱上昆明就是从这里开始，因为只是一个粑粑，你就可以看见官渡人的淳朴和善良。"

"官渡粑粑"主要是用面粉烘制而成，它的点睛之笔在于它的馅儿。它的馅儿是将磨细的胡麻用香油调成糊状，加入少许白糖制成胡麻馅儿。因此，传统的"官渡粑粑"也叫"胡麻饼"。胡麻作为一种喜酸植物，最适宜生长在pH值为6.5~7.5的酸性土壤中，此外，在生长期还需要保持昼夜平均温度在20℃~24℃之间。昆明作为"春城"，年平均温度在12℃~22℃之间，夏无酷暑，冬无严寒，昼夜温差较小，十分适合种植胡麻。而如今，随着时代的发展和物质生活水平的提高，"官渡粑粑"也在传承人的手中不断地有所创新，最初是没有馅儿的，后来加入馅料后，口味变得越来越多，最常见的馅料是白糖胡麻、苏子、玫瑰豆沙、白糖花生等。

官渡粑粑

米浆粑粑是一种流传于昆明民间的传统美食，它的起源可以追溯到几百年前。在那个年代，人们的生活条件十分艰苦，粮食稀缺，而米浆粑粑却成为一种美味的食物。它的制作过程并不复杂，只需要将米浸泡一夜，然后将其磨成米浆，加上适量的盐和调料，放在平底锅中煎至两面金黄即可。米浆粑粑不仅仅是一种食物，更是一种情感的传承载体。这一传统美食的制作方式已经传承了数百年，成为民间的一种传统文化。

软糯香甜的米浆粑粑，能够填满早晨的胃，一间四平方米的小店，一天能卖出上百个。最早，米浆粑粑只是单一的大米浆，现如今更多了些花样，迎合现代的口味，有荞浆，还可以加上炼乳、牛奶。但最受欢迎的还是传统的大米浆粑粑，不加蛋的三元，加蛋的四元五角，加两个蛋的五元五角，甜淡丰俭由人，只要你提前告诉摊主。

米浆粑粑

苞谷粑粑历史悠久，相传源于古代的昆明居民，在长期的农业生产中，逐渐将玉米加工成了这道美味的食品。苞谷粑粑不仅口感独特，而且营养丰富，含有大量的蛋白质、淀粉、纤维素等，有助于肠胃蠕动，促进消化。

苞谷粑粑也并不全是苞谷做的，是大米、苞谷、糯米磨成细粉之后蒸制而成的，吃起来一点也没有玉米面的那种硌嗓子的感觉，反而是香糯润滑，咬一口恨不得把舌头都咬掉。卖粑粑的人会很体贴地给你包两片苞谷叶子，让你想闻不到苞谷香都难。

苞谷粑粑

如今，苞谷粑粑在昆明已经成了家喻户晓的特色小吃，它的独特口感和营养价值，深受广大市民的喜爱和追捧。在昆明的大小餐馆和小吃摊位上，都可以品尝到这道美味的小吃。

在昆明，每个摊点所拥有的独特洋芋粑粑味道，都充分体现了鲜明的地方特色。比如，在南屏街的尽头，有一家老字号洋芋粑粑店，深受当地人喜爱。它的洋芋粑粑个头较大，馅料丰富，口味有咸、甜、辣等。而在这家店

第七章 美食都会

· 121 ·

旁边的小吃一条街，还可以品尝到其他多种口味的美食，为人们提供了丰富的味蕾享受。在五华区的华山街道，洋芋粑粑的制作也有着悠久的历史和独特的技艺。这里的洋芋粑粑呈圆形，大小适中，煎至金黄酥脆，入口即化。在挑选洋芋的过程中，华山街道的洋芋粑粑强调以小洋芋为佳，蒸煮过程中能保持其原有风味。此外，这里还有糖醋味、香葱味、椒盐味等多种口味，为不同口味的人们提供更多的选择。

无论是黄澄澄的糯米粉皮，还是五彩斑斓的口味组合，洋芋粑粑在昆明市内各大繁华商圈都散发出独特的魅力。面对不同地域和文化背景的人们，洋芋粑粑用其独特的口感和风味，传递着昆明的地方特色。这道美食不仅是人们生活中的休闲小吃，也是拉近人与人之间距离的桥梁。在昆明，洋芋粑粑的意义远超过了一道美食的存在，而成为这座城市的精神象征之一。

洋芋粑粑（杨敏 摄）

想一想：如何更好地保护官渡粑粑这一昆明市非物质文化遗产？

知识链接

1. 传承人保护：对官渡粑粑的传承人进行登记、认定和保护，鼓励传承人开展传承活动，培养新一代传承人。

2. 宣传推广：通过各种渠道宣传官渡粑粑的文化价值，提高公众对非物质文化遗产的认识和保护意识。

3. 产业扶持：鼓励和支持官渡粑粑相关产业的可持续发展，提供政策支持、资金扶持等。

4. 创新发展：在保持官渡粑粑传统制作工艺和文化内涵的基础上，进行创新发展，满足现代消费者的需求。

米线

云南各民族一日三餐都离不开稻米，于是用稻米制作的民间食品应运而生。

米线是贯穿于昆明人生活中的一个饮食情节，他们也把米线的吃法发挥到了极致，从煮、烫、卤、炒到凉拌，再加上丰富的食材，使得米线衍生出了无数种排列组合……

小锅米线

汪曾祺在《米线和饵块》中写道："昆明的米线店都是用带把的小铜锅，一锅只能煮一两碗，多则三碗，谓之'小锅米线'。"先用高汤入锅，鲜肉提鲜，腌菜吊味儿；然后依次放入酱、酱油，煮上白菜，倒入米线，加入油辣椒和韭菜；最后让葱花和芫荽完成这场美食的洗礼。小锅米线肉汤浓郁、配菜丰富、酱香味鲜，口感层次丰富，是云南人难以割舍的家乡味！

一碗过桥米线，是多少游客对云南的舌尖记忆。过桥米线的吃法，看似简单却又很专业，一人一份，先用大碗盛上一碗高汤，表面是一层厚油，不冒一点热气，内里却是滚烫沸腾；接着为每人奉上薄如纸张的乌鱼、脊肉、腰花、火腿等生肉片；再有草芽、豆腐皮、韭菜、豌豆尖以及雪白细丝的米线，依次放入碗中，见汤即熟，鲜香可口。

过桥米线

凉米线历史悠久，自成一味却能调众人口。凉米线的最大特色就是大酸大甜，软硬适中的爽滑米线，佐以酱油、盐、味精、花生末儿、花椒、蒜蓉、鸡丝、萝卜丝、芝麻粒，浇上酸甜适中的醋汁，再配上火辣的红油。酸爽清凉，让人难以忘怀！

凉米线

豆花米线，是一种在云南随处可见却经久不变的吃食。米线用热水烫过后放入碗里，再依次放入冬菜、酱、韭菜末儿、花生，还有鲜辣爽口的辣酱，最后向碗中舀一大勺豆花盖住米线。素白的豆花与鲜红的辣酱相映生辉，软滑的米线沾满了韭菜的清香，冬菜的酸爽起到画龙点睛的作用，为米线增添了更丰富的味觉体验，令人口舌生津，食之不忘。

鳝鱼米线以新鲜野生鳝鱼和优质米线为主料，佐以香菜、薄荷、葱花、韭菜、油辣椒、花椒油、大蒜油、酱油等配料，色泽鲜艳，红白绿相间，口味独特，麻辣鲜香，滑嫩爽口，其中滋味只有亲自品尝过才能真正体会。

豆花米线

肠旺米线的肠，是将猪大肠翻洗干净，卤熟。旺即血，可用羊血或猪血。其精华是特色脆哨——将五花肉煮熟、切丁再拌上蜂蜜水后油炸，嚼在嘴里嘎嘣脆。再加上卤大肠、血旺、炸豆腐、韭菜等近10种配料，配上现炸的辣椒，酥嫩鲜香、咸中具辣、汤鲜可口，让人越吃越想吃。

罐罐米线是用7厘米高的小土罐烹煮，罐子中装上米线、汤、薄荷、臭豆腐等，放到烤架上加热，在加热过程中放入辣椒、精盐等调味料，味道浓重，属麻辣一族的经典美食。米线爽口滑嫩，有韧劲，陶罐则很好地保持了米线的温度。

想一想：为什么昆明米线种类多样？

知识链接

云南位于青藏高原的东南缘，地形地貌受制于青藏高原形成演变的影响。印度板块和欧亚板块碰撞，导致青藏高原隆升、高原地壳侧向挤出，引发了横断山脉形成、河流改道、水系重组等一系列地质事件，以及中新世以后季风气候增强导致的河流切割、河谷相对高差加深等系列地质事件造就了云南复杂多样的地形地貌，也使云南形成了立体气候。

在南北距离不到700千米的范围内产生了较大的海拔差异，全省南北高差约6000米，使得云南具备了从热带到寒带的复杂气候类型。同时，由于山大沟深，"十里不同俗"的情况在云南非常普遍，能够容纳和分布种类多样、生态需求各异的植物。

位于云南省中部地区的省会城市昆明在多样性环境、立体气候和特殊地理位置的影响下，动植物种类丰富，有着丰富的食材。再加上少数民族众多，地方特色文化鲜明，使得米线有了不同的排列组合，种类也是多种多样。

研学活动目标

1. 认识昆明的特色美食，了解这些美食受欢迎的原因。
2. 学习昆明自然环境知识，了解昆明美食众多的原因。
3. 学习农作物的生长习性和特点，了解昆明东川洋芋品质好的原因。
4. 了解如何保护非物质文化遗产，树立文化保护和传承意识。

研学线路： 东川李子沟—官渡古镇—晋宁区小渔村湿地公园

实践点1：东川李子沟村开花洋芋产业园区。

任务清单：

1. 参观开花洋芋种植园区，认识开花洋芋，了解开花洋芋的生长习性。
2. 和村民一起挖洋芋，制作开花洋芋美食，在劳作中感受开花洋芋种植的不易，学会尊重劳动成果。

实践点2：官渡古镇。

任务清单：

1. 走访昆明老街区，品尝米浆粑粑等传统小吃，感受昆明的市井文化。

2. 游览官渡古镇，了解官渡的历史与人文特色，观赏古代官渡地区的建筑、雕刻等艺术。

3. 品尝正宗的官渡粑粑，了解其制作工艺和口味特点，感受地方特色小吃文化。

实践点3：晋宁区小渔村湿地公园。

任务清单：

1. 参观小渔村稻田风光，并了解水稻生长习性和种植过程。

2. 参与水稻种植过程，感受稻田捕鱼活动，和村民一起制作米线美食，品尝米线。

3. 访谈当地村民，了解小渔村美丽乡村建设采取了哪些措施。

第二节　街市尝鲜

"了解一座城市的最好方式，是去看它的菜市场。名胜古迹都是'西装革履'的，装扮得很好，但菜市场想装都装不了。"纪录片《舌尖上的中国》导演陈晓卿曾这样说道。菜市场是一座城市的"隐形"心脏，在这里可以无限靠近当地人的真实生活，领略到一座城市的独特风味。

菜市场，又称农贸自由市场、农贸市场或自由市场，是指在城乡设立的可以进行自由买卖农副产品的市场。史书记载，"古未有市，若朝聚井汲，便将货物于井边货卖，曰市井"。最早的市场强调即时交换，是高度自由化的活动。水源边和道路交叉口是部落间最早的边界贸易场所，食物是最常见的交易物品，"市井"一词由此而来并沿用至今。从中国的商周时期、西方的古希腊和古罗马时期开始，集市的地点逐渐固定在城市中心地区的露天大广场上，统治阶级会安排专人对市场的交易时间、地点、秩序进行限制和管理。

篆新农贸市场

1937年七七事变爆发后，国民政府部分机关、工矿企业、学校陆续迁滇，昆明人口突增，原有住房已无法满足需求。为了缓解供求矛盾，昆明市邀请林徽因参与设计了新住宅区——"篆塘新村"。这个当年的昆明第一村，在经历了七十多年的历史后终于因为一个农贸市场重绽芳华。

热闹非凡的气氛和浓郁的"人间烟火味"共同构成了篆新农贸市场的独特魅力。这个市场不仅承载着老昆明的珍贵记忆，也成为年轻一代热衷追寻的"网红打卡地"。一踏入篆新，琳琅满目的小摊点便勾勒出了一幅生动的"七彩云南"图景。在市场中有这样一条小巷，它汇聚了几十家店铺，每家都陈列着来自云南各地州的特色蔬菜，即便是土生土长、自小品尝过无数野菜的昆明人，面对这些琳琅满目的品种，也难以认全。看到这些蔬菜瓜果摊就宛如打开了一本珍奇的植物图鉴。

篆新农贸市场蔬菜摊（杨敏 摄）　　篆新农贸市场水果摊（杨敏 摄）

想一想：云南瓜果蔬菜品类丰富的原因是什么？

知识链接：生物多样性丰富的原因

1. 水热条件：地处低纬度（热带、亚热带），热量丰富，生物繁衍生长速度快，生物多样性丰富。

2. 水热差异：跨纬度广，热量差异大，物种丰富；跨海陆（经度）广，水分差异大，物种丰富；地形起伏大，气候的垂直差异显著，物种丰富；面积广大，地域辽阔，气候类型复杂多样，物种丰富。

3. 生存空间：面积广大，地域辽阔，生物生存空间（如森林、湿地）广，物种丰富；处于自然地理环境的过渡区域，物种丰富。

4. 天敌：地形较封闭（远离大陆），天敌少。

5. 人类活动：地形较封闭（远离大陆），人烟稀少，经济落后，开发程度低，受人类活动干扰少。

如果将云南的野菜、野花和野生菌比作飞扬的精灵，那么大米和糯米无疑就是生活的底子。在篆新，大米展现出了它多姿多彩的各种面貌。这里不仅有米糕、核桃酱裹卷粉、花米饭等特色小吃，还有米线、饵块、饵丝这样的传统主食，以及甜美诱人的米酒、奶白酒。这些米制品，每一样都承载着云南人对生活的热爱和对美食的精致追求。

核桃酱裹卷粉（杨敏 摄）

想一想：云南人为什么钟爱米制品？

知识链接：季风水田农业（水稻种植业）

1. 分布：东亚、东南亚、南亚季风区。

2. 区位条件：

（1）气候：季风气候，夏季高温多雨，雨热同期，适合水稻生长。

（2）地形：河流下游平原或河口三角洲，地势平坦，土壤肥沃，土层深厚，利于耕作。

（3）劳动力：（属劳动密集型农业）人口密集，劳动力丰富，利于精耕细作。

（4）历史：种植历史悠久，传统经验丰富，并受饮食习惯的影响。

3. 主要特点及原因：

（1）小农经营。原因：以家庭为单位，生产规模小。

（2）单产高，但商品率低。原因：精耕细作；但农村人多，自给为主。

（3）机械化水平低。原因：经济水平低，体力劳动为主。

（4）水利工程量大。原因：季风气候，水旱灾害频繁发生。

（5）科技水平低。原因：种植历史悠久，传统经验丰富。

除了野菜、野花、野生菌外，各地的熟食摊位也是篆新农贸市场的一大热点，其中以酸辣口味闻名的傣族美食尤其受欢迎。傣族人主要生活在云南的热带和亚热带地区，这些地区气候炎热潮湿，酸辣食物有助于开胃和消食，同时还能促进身体散热，因此非常适合这样的气候条件。另外，云南地区物产丰富，尤其是各类辣椒和酸味水果，这些都是制作酸辣食物的重要原料。傣族饮食的发展充分利用了当地的这些自然资源。

想一想：你还知道哪些少数民族特色美食？这些特别的饮食文化与地理环境之间有什么关系？

知识链接

中国源远流长的饮食文化和不同地方菜系的形成发展，与其所处的地理环境息息相关，整体而言，地理环境影响着一个地域的物产丰富度，进而划定了地域的饮食范围。其中，气候作为主要的环境因素，其不同的日照时长和降水量往往影响着一个地区的饮食习惯。西南地区相对日照时长较少、气候潮湿，而吃辣有祛风去湿之效，所以四川、重庆、贵州、湖南等南方一带是重辣偏好集聚区。我国西北地区降水偏少、气候干燥，且水土呈碱性，尤其是黄土高原地区风沙大，空气中充满尘土。研究表明，吃醋制品可以起到洗涤肠胃的作用，因此山西和西北地区的居民喜好吃酸。

东华农贸市场

东华农贸市场位于昆明市盘龙区白龙路，是以滇越铁路为基色，在此基础上建设的农贸市场，是近年来昆明兴起的网红菜市场之一，让我们一起走进东华农贸市场吧。

东华农贸市场（杨娟 摄）

在2021年底，云南农垦高特公司对东华农贸市场进行了全方位的升级改造。改造后云南风味汇聚于此，特色小吃、菜品应有尽有，供人挑选。

大理米糕香甜、柔软、色香味俱全，由紫米和白米制成，夹层里有红糖，上面还有红绿丝。米糕还有"高升""节节高""年年高"的文化寓意，有些人还在米糕上印"福""禄""寿""禧""吉祥""如意"等字样，为生活增添美好和祝福。

大理米糕（杨娟 摄）

玉米的做法有很多种，比如玉米粑粑（即苞谷粑粑）、蒸玉米、玉米汁等。玉米是云南省种植面积第一、总产量第二的大田作物。据科考发现，1760年以前，在云南元江等地区种植的玉米经自然变异和人工选择形成了糯质型的品种，故云南是世界糯玉米的起源中心之一。

玉米粑粑（杨娟 摄） 　　　　　蒸玉米（杨娟 摄）

烤鱼的做法是将罗非鱼腌制入味，再加上大香菜等香料进行烤制，售价15元，特别实惠。罗非鱼属于热带鱼类，源自非洲。最早是从新加坡引进到中国台湾，再由越南引进到中国南方地区。罗非鱼喜高温、耐低氧、高盐度，在海水、淡水中均能生活。云南最早于20世纪60年代末引入罗非鱼养殖，经过多年发展，罗非鱼产业已成为云南重要渔业支柱产业之一。

烤罗非鱼（杨娟 摄）

想一想：为什么云南适合养殖罗非鱼？

知识链接

云南养殖罗非鱼有得天独厚的自然优势。云南省偏居我国西南，气候类型多样，水域资源丰富，在罗平—新平—盈江一线以南海拔1400米以下的平坝地区、半山区及温热河谷地带，气候和自然植被垂直差异显著，非常适宜养殖罗非鱼。

麻园菜市场

麻园综合农贸市场分为麻园四组综合市场和麻园五组集贸市场，从近华浦路一路右转过去，也可以从原艺术学院门口沿昆明市第二十四中学顺坡而下，老昆明的市井生活气息在麻园农贸市场依旧有迹可循。

在现代化的菜市场中，每一个摊位都有自己的特色，酸辣粉、自选炒饭、木姜子泡鸡脚、撒撇、水腌菜拌烧猪皮、炸肉皮、手舂牛干巴、傣味烧茄子等，在城中村内露天摊位闲逛，沿途会遇到几个水果摊主正在热情吆喝，大大小小的水果摆满整个小车，价格十分便宜。

麻园菜市场入口处（马晓凡 摄）

丰富的菜品（马晓凡 摄）

　　摊主们来自五湖四海，有附近小区的退休大妈，有从外地到昆明来开小吃店的夫妻，也有土生土长的麻园人，他们在这里落脚，在这里生活，在一栋栋鳞次栉比、陈旧的居民楼里，现代化菜市场和街边露天小摊相辅相成。麻园菜市场，不仅仅是大棚子里规划好的农贸市场，更是麻园街巷中充满烟火气息的小摊聚集区。

　　想一想：麻园菜市场现阶段面临哪些问题？该如何解决？

知识链接

　　麻园菜市场周边学校、老旧小区较集中，导致街道空间狭小，缺乏必要的公共活动主题空间，人流量较大的时候容易造成交通拥挤，米轨火车的文化遗产未能活化利用，城市的绿化也需要不断改善。麻园菜市场被铁轨分割为两个部分，采买不方便，菜品分类重复，有时购买需要两边跑，所以接下来需要思考对道路的改造以及对菜市场的空间布局调整，立足人们的需求，进行菜市场空间规划。

　　比起昆明的其他菜市场，麻园更绝妙的是，跨过了穿越时空的滇越铁路，形成了特色的米轨铁路。滇越米轨铁路在抗日战争时期是重要的物资运输通道，近代以来，又是沿线农民进城的重要交通工具，久而久之，渐渐在米轨沿线形成了菜市场文化，麻园四组综合市场和五组集贸市场之间被铁路分割，每天出门、买菜都会穿过铁路，铁路的延伸处，高楼已矗立，而麻园还是老样子。这份文艺感是独一无二的存在，是麻园居民的共同记忆。

麻园菜市场是唯一一个被LiveHouse包围的农贸市场。在昆明，只要提到麻园，就必然会想到云南艺术学院（简称"云艺"），提到云艺也必然会想到麻园，廉价的房租吸引着热爱音乐的学生、乐手们不断聚集。昆明本土乐队"麻园诗人"爆火，正是从这片菜市场旁边的居民楼走向全国的舞台，乐队曾为此创作过一首《此站麻园》。麻园菜市场就是文艺的存在，无数的灵感在这里迸发。

麻园段米轨　　　　　　　　麻园小区外墙

想一想：如何充分发挥米轨火车的艺术价值？

知识链接

云南有一种小火车，它的轨道是轨距只有1米的窄轨，因此人们叫它米轨小火车。米轨之于昆明，是时代的车轮，历史的痕迹。1903年至1910年间，法国铁路公司在云南修建了中国首条通往国外的米轨铁路——滇越铁路，是中国最早修筑的铁路之一。从麻园到小菜园区间的米轨铁路靠近西园北路，紧邻昆医大附二院南侧围墙，经过废弃的铁路车站（麻园站）、老旧小区、著名高校等，在历史价值的基础上体现米轨的艺术价值，可以从车站建筑风格、火车车厢设计、沿线小区围墙涂鸦设计、沿线绿化设计等方面进行思考，营造出具有不同侧重点的主题设计，改善周边居民的生活氛围，增加游人的观赏乐趣。

五里多农博广场

在老昆明人心里，五里多是昆明最大、最便宜的菜市场。

五里多农博广场位于昆明市五里多村吴井路，其前身是老东站农贸市场，又叫五里多农贸市场。早在20世纪90年代，东站就是晋宁、呈贡等地不少批发商和昆明菜商交接货的集散点。2016年，五里多从它的前身老东站农贸市场搬迁到新市场——五里多农博广场。

五里多农博广场实地位置（唐晨翕 摄）

五里多一共有三层，三层接近十万平方米的体量，市场内并无明确分区，同种菜品分布不集中，稍显凌乱。但全部商品都是明码标价，随逛随买，轻松自在，简易纸板的价位牌就是最直观的广告。大爷大妈们是采购主力，人手一辆买菜车是标配。当然，随着"菜市场游"的爆火，越来越多的年轻人走进五里多，挤在喧嚷人群中寻找美味，学着大爷大妈们砍价，感受菜市场的浓浓烟火气。

蔬菜摊（唐晨翕 摄）

想一想：针对五里多菜市场内无明确分区的问题，试分析菜市场如何分区更合理。

知识链接

农贸市场内部的布局设计，应当按照商品种类划行归市设置交易区，如蔬果区、肉类区、熟食区、水产区、调料区、杂货区等。同时，同类商品区域设置应相对集中，让顾客可以一次性购置齐全自己需要的产品，无须东奔西跑。

菜市场是社会多样性的缩影。在这里，不同的文化和生活方式交汇融合。你可以看到各种民族的食材和烹饪方式，感受到不同社会群体的生活习惯。市场中的喧嚣和繁忙，不仅是商业交易的热闹，更是人与人之间的交流和互动。走过市场的每个角落，你会发现各种各样的食材，它们不仅仅是食物，更是这片土地的历史和文化的载体。

研学活动目标

1. 认识云南特色蔬果、小吃、菌类等，分析云南独特的自然资源与地理环境之间的关系。

2. 了解各菜市场的基本情况和区位优势，分析传统菜市场如何在现代社

会中适应和发展。

3. 了解菜市场在食品安全和环境保护方面的具体措施，培养可持续发展的意识。

研学路线：昆明主要的传统菜市场

实践点1：篆新农贸市场。

任务清单：

1. 试吃篆新农贸市场内的特色产品和网红小吃，拍照记录。

2. 了解云南多民族文化在饮食方面的体现。

3. 通过与商贩和游客的交流，分析篆新农贸市场成为网红菜市场的原因。

实践点2：东华农贸市场。

任务清单：

1. 实地走访东华农贸市场，了解菜市场中的特色产品，分析其生长的有利自然条件。

2. 思考如何更好发挥滇越铁路的作用，打造自身独特的菜市场文化。

实践点3：麻园菜市场。

任务清单：

1. 了解麻园菜市场的基本情况，以及存在的主要问题，针对性地提出解决措施。

2. 通过分析麻园菜市场的区位优势，加强传统菜市场与现代生活方式的融合。

实践点4：五里多农博广场。

任务清单：

1. 了解五里多的历史，试分析五里多农博广场的区位条件。

2. 通过购买菜品，对比其他菜市场中同种菜品的价格，思考传统菜市场与标准化菜市场的区别。

第八章

宏图省城

党的十八大以来，习近平总书记两次考察云南，作出系列重要指示，为云南发展指明了前进方向。习近平总书记明确指出，云南的优势在区位，出路在开放。

地处中国—东盟自由贸易区、大湄公河次区域交汇点的昆明，是我国面向南亚东南亚开放的桥头堡、"一带一路"的前沿枢纽。昆明将更加主动地服务和融入国家发展战略，创新开放格局，强化与南亚东南亚的互联互通及国际经济合作，为云南建设面向南亚东南亚辐射中心作出更大贡献。

第一节　撷秀盛世

昆明轨道交通

城市的轨道交通	城市的轨道交通	城市的轨道交通
早晨从浓雾中飘来	白天从阳光里驶来	钢筋混凝土丛林中穿梭
轻轻地停在你的面前	缓慢地停在你的身前	停在丛林的地下或高架间
没有精美的言语问候	没有入地腾空的恐惧	没有酷暑寒冬的故事
只有准时准点的承诺	只有安全平稳的感觉	只有四季如春的温度

　　进入21世纪以来，昆明城市化的快速发展让城市交通系统面临巨大压力，地铁作为城市重大基础设施，其规划建设被昆明提上日程。2004年，昆明市政府决定启动轨道交通项目。

　　2009年6月19日，昆明地铁规划正式获得国务院批准，并由国家发展改革委批复，是国家第二批城市轨道交通规划获批的第一家。昆明地铁第一期建设规划提出了地铁1、2号线首期工程，与3号线构成"十"字骨架，覆盖了昆明市最繁忙的北京路、人民路、东风路等廊道，并带动了呈贡新城的发展。地铁4号线促进了昆明主城西北片区与轨道交通骨干网的客流交换，加强了和呈贡新城的联系，对发挥昆明火车南站交通枢纽与主城客流交换功能起着重要的促进作用。地铁5号线串联起世博园、昆明动物园、抗战胜利纪念堂博物馆、草海生态长廊、海埂大坝、滇池风景区等旅游景点，成为一条"生态宜居、人与自然和谐共生"线路，全线20个母婴室增添了出行的温暖。地铁3号线和6号线承担起昆明城市东西公共交通的重任，与地铁1、2号线首期形成了"十"字骨架线网，连接起机场、高铁站、四大客运站，重要交通枢纽之间换乘更加高效。截至2022年6月，昆明共有6条轨道交通线路运营。

　　昆明轨道交通的开通运营丰富和拓展了城市公共交通体系，加密了昆明中心城区核心路网，有助于缓解昆明市交通出行压力，改善交通状况，加强了呈贡新城、空港经济区等重点区域的交通基础设施配套建设。

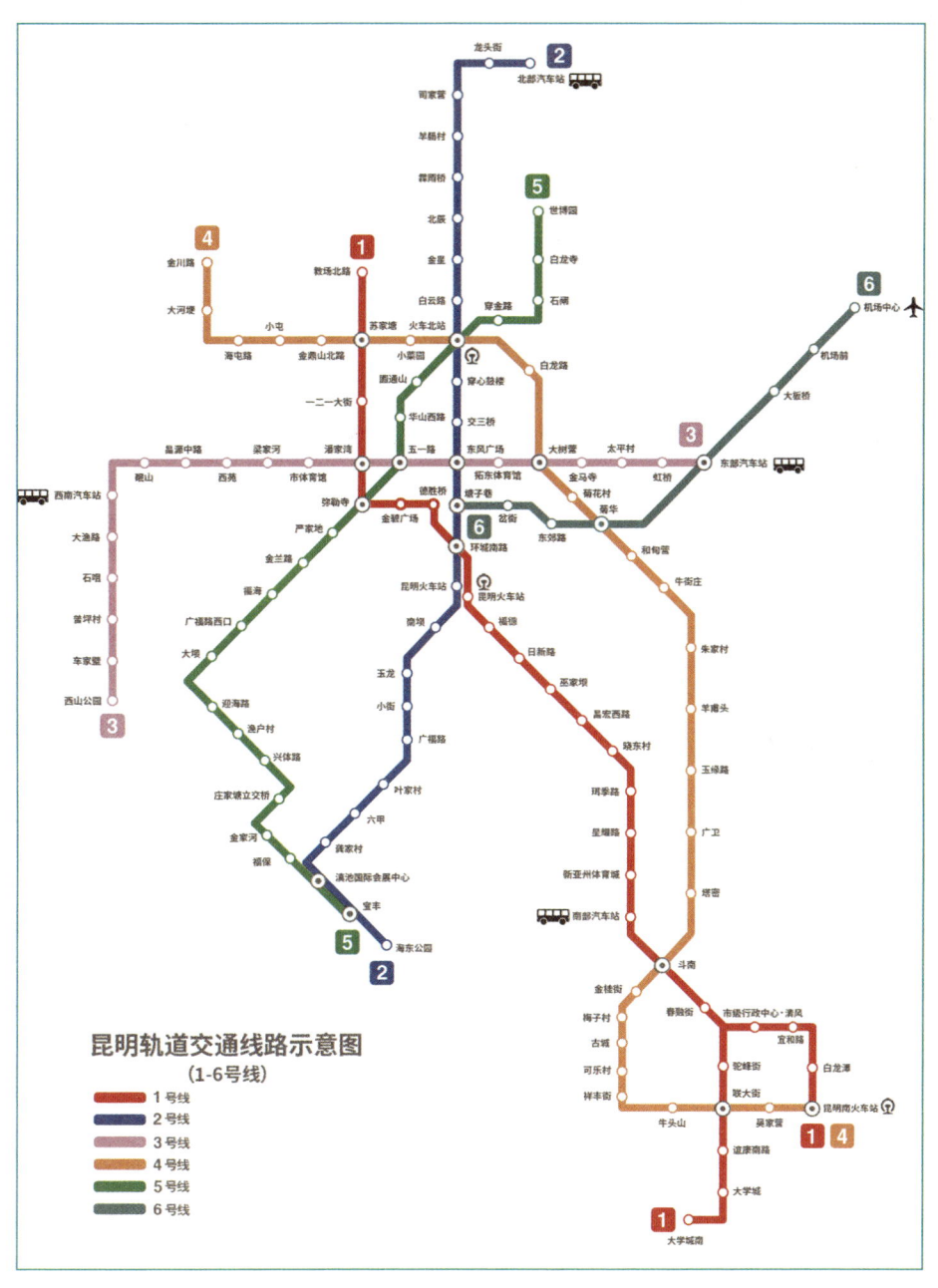

昆明轨道交通线路示意图（李林 摄）

想一想：昆明轨道交通分布有何特点？

知识链接

轨道交通是指运营车辆需要在特定轨道上行驶的一类交通工具或运输系统，常见的轨道交通有传统铁路（普通铁路、城际铁路和市域铁路）、地铁、轻轨和有轨电车，此外，还有磁悬浮轨道系统、单轨系统等新型轨道交通。

研学活动目标

1. 通过文献、图片等资料，知道昆明轨道交通以什么为主。

2. 了解昆明轨道交通线路和站点分布特点、学会从空间视角认识地理事物特征。

研学路线：昆明市地铁2号线考察（环城南路站—北部客运站）

实践点1：东风广场。

任务清单：

1. 观察以东风广场站为中心的地铁换乘路线，思考昆明地铁大致以该站为中心形成怎样的分布特点。

2. 观察2号线站点路线，了解2号线起点和终点，思考2号线大致连接了昆明市哪两个方向区域？

实践点2：火车北站。

任务清单：

1. 观察昆明火车北站换乘路线4号线和5号线，并尝试把路线画出来。

2. 思考4号线和5号线大致连接了昆明市哪两个方向区域。

昆明地铁火车北站（李林 摄）

昆明轨道交通布局

昆明是一个典型的摊大饼式"单中心"城市，由于高原自然地理环境的特殊性，城市发展空间和功能一直集中于主城区。目前主城建设用地已趋于饱和，以主城为单一核心的空间发展模式严重制约了昆明区域中心职能的发挥，亟待寻求快速城市化进程中必要的发展空间。

同时，随着昆明城市规模和经济建设的快速发展，特别是家用轿车的普及，城市中普遍出现了道路拥挤、交通秩序混乱、环境污染严重等问题。到2011年底，全市机动车已突破150万辆，汽车保有量的剧增导致城市交通拥堵已由局部地区和高峰时段的堵塞向大部分地区和白天全时段的堵塞发展，市中心区路段机动车时速已低于8公里，交通基本处于瘫痪状态，严重影响了城市的运行效率和市民的正常出行。解决城市交通问题成为社会关注的焦点和民众的迫切呼声。

究其原因有多方面，但环湖交通设施薄弱是制约新城发展的关键因素，低效的公路交通根本无法适应新城发展所需与主城之间的快速、大运量运输需求。借鉴苏黎世轨道交通市郊线促进网络化城镇发展的经验，发展环湖快速轨道交通，建立联系昆明主城与新城区间、各新城间的轨道交通市郊线，是建设环湖新城的必由之路。

想一想：影响昆明轨道布局的因素有哪些？

知识链接

城市交通运输的特征因城市的规模、性质、结构、地理位置、政治经济地位的差异而有所不同，但它们的主要特点是相同的。城市交通运输是一个复杂的系统，与乡村相比，主要特点是：①城市交通运输设施空间分布的综合性——城市交通运输点、线、面紧密结合；②城市交通运量时间分配的变化性——城市中行人和车辆的流动方向和数量经常变化；③城市交通安全的重要性——城市中行人与车辆、车辆与车辆交叉，形成典型的混合交通；④城市道路规划的必要性——城市道路交通设施和管理设施多，占用很大的城市空间。

研学活动目标

1. 通过观察，了解昆明市地形特征，分析影响昆明市轨道交通干线分布的自然因素。

2. 观察昆明市轨道交通干线经过的站点的人流量、经济特点、部门等，分析影响昆明市轨道交通干线分布的社会经济因素。

研学路线： 昆明市地铁1号线考察（昆明火车站—大学城南站）

实践点1：昆明火车站。

任务清单：

1. 观察地上轨道和地下轨道的分布路段，并分析原因。

2. 观察各个站口的规模大小和人流统计情况，解释交通运输的影响因素。

3. 观察不同时间段人流的流动方向，推断其流动目的。

实践点2：大学城南站。

任务清单：

1. 依据城市轨道路线画出昆明城市空间形态。

2. 和其他运输方式作对比，总结轨道运输的优缺点。

昆明轨道布局对昆明城市发展的影响

地铁作为贯穿城市的交通大动脉，自2012年"驶"入昆明，在带给昆明市民便捷的同时，也为城市品质和发展注入了强劲动力。随着昆明地铁网络建设的不断完善，市民出行不再受交通和距离的限制，变得更加准时、高效；沿线商圈和地面经济，纷纷在地铁红利中加速繁荣；机场、高铁站的辐射范围也随着地铁进一步扩大，助力昆明与世界的交往……

昆明由主城、呈贡新城、空港经济区组成核心区域，城市拓展空间以东南、东北两个方向为主。目前，昆明已开通运营线路6条，极大地缓解了昆明市南北向、东西向和西北向重要交通廊道的交通压力，还凭借其优越的可达性和便捷性带动了周边地区土地升值和产业、人口集聚，成为区域发展新的增长极。

从目前昆明市城市建筑分布情况来看，昆明市近期已经出现"一横一纵"的发展轴，同时，"同心圆"结构逐步转向"多核心"结构发展。据昆明轨道交通影响下的城市发展轴所示，轨道交通建设将会提高主城区南北向的时间可达性和成本可达性，提升沿线的土地利用效率和土地经济价值，促进昆明市城市空间结构特别是城市发展轴的改变，在目前轨道交通沿线形成一条与土地利用和开发相关的发展通道，渐渐地形成城市的发展轴线。

昆明市轨道站点对周围用地的影响表现在两个大的方面，即不仅可以吸引人流，还可以扩散人流。部分轨道站点周边极大程度地吸引着商业、餐饮、休闲等多行业的聚集，长期发展下去，将产生明显的集聚效应，使这些轨道站点成为昆明城市布局的新核心，加强这些区域的快速发展，引起区域各式各样活动模式的转变。不仅如此，轨道站点将促进对轨道站点覆盖范围下的土地混合利用和城市建筑空间多维度利用，轨道站点周边街区随着轨道

的带动效应而重新改造，也将对昆明市的地价、房价、就业、居住等产生较大影响。

昆明市现状轨道线网一千米范围内土地利用类型统计表

用地类型	面积（km²）	占比
公共管理与公共服务用地	5.16	7.32%
商业服务业设施用地	18.43	26.15%
工业用地	0.79	1.12%
居住用地	41.60	59.03%
道路与交通设施用地	1.98	2.81%
物流仓储用地	1.63	2.32%
公用设施用地	0.88	1.25%
合计	70.47	100.00%

想一想：昆明轨道交通布局对昆明城市发展有什么影响？

知识链接

随着城市中人口增多，城市规模扩大，交通拥堵、环境污染等城市交通问题日益突出，解决交通问题是许多城市所共同面临的难题，建议措施如下：①优先发展公共交通是解决城市交通拥挤和堵塞的有效措施，也是节约能源、减少环境污染、改善城市环境的有效途径；②加大城市道路建设、扩大路网规模、合理规划停车场是解决交通拥堵的有效途径；③充分应用现代化信息技术，加强城市交通管理，可以人为控制减少交通拥挤现象的发生；④促进城市土地利用结构多核心的形成，可缩短出行距离，减缓交通压力；⑤错开上下班时间，可错开交通高峰，增设潮汐车道。

研学活动目标

1. 观察地铁站点，学会分析轨道站点布局及等级对周边土地利用、产业类型、人口分布的影响。

2. 阅读昆明轨道交通的相关资料，认识昆明城市化过程中存在的问题。调查轨道交通站点人流量，分析轨道交通对缓解"城市病"的作用，并能为家乡发展出谋划策。

3. 全方位认识昆明轨道交通的高速发展，了解家乡的变化，增强可持续发展的意识，培养创新能力和实践能力。

研学路线： 昆明市地铁4号线（金川路站—火车北站—斗南站—昆明南火车站）

实践点1： 斗南站。

任务清单：

1. 认真观察：观察地铁4号线周边的土地利用方式。

2. 仔细思考：地铁对土地利用的影响体现在哪些方面？

实践点2： 昆明南火车站。

任务清单：

1. 探究小结：一个城市的地铁文化与土地利用的关系。

2. 探究小结：一个城市的地铁文化与城市的关系。

3. 实践运用：为我们云南的地铁文化建言献策（体现云南城市文化特色）。

第二节　远景立志

中老铁路

老挝是东南亚唯一的内陆国，没有出海通道，且基础设施条件落后。由于长期没有铁路，所有的陆路运输全靠公路，运输时间长，运输成本高，严重影响了老挝的经济发展。

2010年，连接中国云南省昆明市与老挝首都万象市的中老国际铁路开工建设。中老铁路北起云南省昆明市，向南途经玉溪市、普洱市、西双版纳傣族自治州，进入老挝北部地区，经过琅南塔省、乌多姆赛省、琅勃拉邦省、万象省，最终抵达老挝首都万象市。中老铁路由三段组成，其中昆玉段由昆明南站至玉溪站，全长106千米，设计速度200千米/小时；玉磨段由玉溪站至磨憨站，全长507千米，设计速度160千米/小时；磨万段由磨丁站至万象站，全长422千米，设计速度160千米/小时。

中老铁路琅勃拉邦站（李林　摄）　　　　中老铁路万象站（李林　摄）

2021年12月3日，中老铁路全线通车运营。中老铁路的开通提高了老挝各省之间的交通联系，促进了老挝的经济发展，改善了老挝的基础设施，提高了老挝的生产力和竞争力。同时，中老铁路将大大缩短两国之间的交通时长，促进人员、物资和技术的流动，为两国之间的贸易和投资创造更多的机遇。中老铁路的建设也将为整个中南半岛地区带来更多的机遇和发展，推动中南半岛地区的互联互通和经济一体化。

想一想：中老铁路三段线路时速设计不同的原因。

知识链接

老挝地形以山地为主，地势北高南低，北部与中国云南的滇西高原接壤。中老铁路全线穿越众多山川河流，沿线地质结构复杂，因此修建难度非常大；老挝经济水平落后，基础设施条件差，境内磨丁站至万象南站的修建困难重重。但是中国基建团队最终克服了种种困难，建成了含167座隧道、301座桥梁在内的庞大工程。

研学活动目标

1. 了解中老铁路选线特点、建设背景，学习"交通运输布局区位条件"基础知识。

2. 参观博物馆，了解铁路与云南近现代发展的关系，认识乡土地理，增进家国情怀。

3. 设计开发方案，提高历史文化知识水平和美学意识，培养地理实践力。

研学路线：昆明北站—昆明南站考察

实践点1：昆明北站云南铁路博物馆。

任务清单：

1. 结合历史背景，思考百年之前滇越铁路开通对云南的影响。

2. 国际标准列车轨距是1.435米，分析滇越铁路采用米轨（轨距1米）的原因。

3. 目前滇越铁路客货运已全面取消，请分析其原因。

4. 滇越铁路具有很高的历史和文化价值，请以小组为单位，设计一个重新利用滇越铁路的方案。

昆明北站云南铁路博物馆（李林 摄）

实践点2：乘坐动车参观考察昆明南站。

任务清单：

1. 乘坐动车组列车，感受动车的便利性，说出现代交通运输方式发展变化的新特点。

2. 查阅地图资料，说明昆明南站选址的优越性。

3. 从区域协调发展的角度，分析中老铁路带来的地理意义。

4. 推测中老铁路通车后中老双边的经贸合作项目有哪些。

中缅油气管道

中缅油气管道是继中亚油气管道、中俄原油管道、海上通道之后中国的第四大能源进口通道。它包括原油管道和天然气管道，可以使原油运输不经过马六甲海峡，从西南地区输送到中国。

2010年，在"一带一路"倡议引领下，中缅油气管道开工建设。中缅油气管道起点位于缅甸若开邦皎漂兰里岛，从云南瑞丽入境中国，缅甸境内管道全长793公里，在缅甸设4个下载点。2013年7月28日，管道正式对中国输气，云贵高原结束了没有天然气的历史。截至2021年，中缅油气管道配套的千万吨级中石油云南石化炼油厂累计加工原油突破4000万吨。

想一想：中国国家石油储备基地建设的原因和布局条件。

知识链接

随着国民经济的持续快速发展，对能源的需求逐年增长。为保障国家的能源和环境安全，我国不断优化能源消费结构、建设国家石油储备基地。截至2016年，中国共建成9个国家石油储备基地。其中地面库8个，分别为舟山、舟山扩建、镇海、大连、黄岛、独山子、兰州、天津国家石油储备基地；地下库1个，为黄岛国家石油储备洞库。建设国家石油储备基地，有助于应对突发事件，防范石油供给风险，是确保国家能源安全的重要措施之一。

研学活动目标

1. 了解管道运输的优越性，学习"交通运输方式与区域发展"基础知识。
2. 了解中国进口油气资源布局，增进区域协作发展和国家能源安全意识。
3. 通过访谈和调查，培养地理实践力。

研学路线：家庭/社区能源结构和燃气价格调查

实践点1：学生个人所在社区。

任务清单：

1. 通过与家人和社区居民进行访谈，了解近十年家庭能源使用的变化。
2. 通过访谈和调查，了解社区民用天然气价格的变化，说明其原因。

实践点2：学校课堂。

任务清单：

1. 说出管道运输的优越性。
2. 查阅地图资料，从自然环境角度分析中缅油气管道建设面临的困难。
3. 分析中缅油气管道建设的地理意义。

中国—南亚博览会

2023年8月16日至20日，第七届中国—南亚博览会暨第27届中国昆明进出口商品交易会在云南昆明举办。本届博览会以"团结协作、共谋发展"为主题，共85个国家、地区和国际组织的相关代表，28个省（区、市），89家世界500强、42家中国500强等国内外知名企业，线上线下3万余家参展商参会，实现南亚东南亚国家和RCEP（《区域全面经济伙伴关系协定》）成员国全覆盖。

本届博览会，文化旅游馆首次搭建滇剧、花灯展演区，将活态演出展演与剧院展品相结合，全面展示云南传统戏曲文化艺术及文化产品。同时，来自全省16个州市的歌舞演员、国家级和省级非遗传承人，也将在文化旅游馆展演区进行表演，充分展示非遗风采和各地民族文化。

中国—南亚博览会的举行，是新的历史条件下扩大云南对外开放的重大突破，也是我国构筑全方位开放格局的重要组成部分，对于搭建我国向西开放战略平台，促进多边多交战略具有重大战略意义。中国和南亚国家是传统友好合作伙伴，经济互补性强，经贸合作潜力巨大，中国—南亚博览会将肩负着全面推动中国和南亚关系发展的重大历史使命。举办以来，南亚已成为云南省对外贸易增长最快的地区，举办中国—南亚博览会成为云南桥头堡建设的重要内容和西向开放的重要路径。

中国—南亚博览会永久举办地——昆明滇池国际会展中心（李林 摄）

想一想：中国—南亚博览会举办地选择云南省昆明市的原因是什么？

知识链接

中国通往南亚地区的陆上交通因青藏高原的阻隔，需绕道远行。地处中国西南边境的云南自古以来就是通往南亚的陆上门户，"蜀身毒道""南方丝绸之路""中印公路"曾促进了中国与南亚国家在文化、经贸等领域的交流。昆明市作为云南省会，有商贸和会展的传统。早在1993年，昆明市就举办了中国昆明进出口商品交易会，对中国西南地区扩大对外开放，深化与南亚地区的交流与合作，起到了积极的推动作用。随着"一带一路"倡议的实施，2012年国务院批准将中国昆明进出口商品交易会升格为中国—南亚博览会，昆明市为博览会永久举办地。

研学活动目标

1. 知道昆明作为中国—南亚博览会举办地的原因，学习"服务业布局区位条件"基础知识，强化区位理论。
2. 了解中国—南亚博览会参会者，培养区域认知能力和思维方法。
3. 通过访谈，培养地理实践力。

研学路线：中国—南亚博览会考察

实践点：昆明滇池国际会展中心。

任务清单：

1. 通过参观考察，从区域认知的角度，了解参会国家和地区。
2. 通过对中国参会者和入境参会者的访谈，了解他们在本次博览会上的收获。
3. 说明中国—南亚博览会对区域协调发展的促进作用。

昆明滇池国际会展中心（李林 摄）

联合国《生物多样性公约》第十五次缔约方大会（CBD COP15）

联合国《生物多样性公约》第十五次缔约方大会（CBD COP15），于2021年10月在中国昆明举行第一阶段会议。本次会议是联合国首次以生态文明为主题召开的全球性会议。大会以"生态文明：共建地球生命共同体"为主题，旨在倡导推进全球生态文明建设，强调人与自然是生命共同体，强调尊重自然、顺应自然、保护自然，努力达成公约提出的到2050年实现生物多样性可持续利用和惠益分享，实现"人与自然和谐共生"的美好愿景。

国务院于CBD COP15会议期间发布《中国的生物多样性保护》白皮书。白皮书介绍，中国幅员辽阔，陆海兼备，地貌和气候复杂多样，孕育了丰富而又独特的生态系统、物种和遗传多样性，是世界上生物多样性最丰富的国家之一。作为最早签署和批准《生物多样性公约》的缔约方之一，中国一贯高度重视生物多样性保护，坚持在发展中保护、在保护中发展，提出并实施国家公园体制建设和生态保护红线划定等重要举措，不断强化就地与迁地保护，加强生物安全管理，持续改善生态环境质量，协同推进生物多样性保护与绿色发展，生物多样性保护工作取得显著成效。

生物多样性是人类生存和发展的重要基础。自《生物多样性公约》签署实施以来，在国际社会的共同努力下，全球生物多样性保护进程在稳步推进，国际合作也在不断深化。但全球生物多样性保护仍然面临严峻的形势。国际社会也期待CBD COP15成为扭转生物多样性丧失和生态系统退化的一个关键性的节点。

想一想：影响生物多样性的因素有哪些？

知识链接

生物多样性是生物（动物、植物、微生物）与环境形成的生态复合体以及与此相关的各种生态过程的总和，包括生态系统多样性、物种多样性和遗传多样性三个层次。水热条件优越的地区，气候、地形等自然环境复杂的地区，生物种类较丰富。生存环境广阔的地区，能承载更多的生物量，孕育更多生物种类。环境变迁与突发事件会影响生物多样性，如陨石撞击地球、地质时期的冰期等导致物种灭绝。现代社会，人类对生物的直接采集和捕猎、生产生活导致的环境变化也会间接导致生物多样性减少。

研学活动目标

1. 了解影响生物多样性的因素，学习"地理环境对生物多样性的影响"基础知识。

2. 通过考察和调查，了解云南生物多样性，树立人地协调观，提升国家生态安全意识，培养地理实践力。

研学路线：生物多样性调查和考察

实践点1：选择某一湿地公园，如宝丰湿地公园（或同类型湿地公园）。

任务清单：

1. 在湿地公园拍摄动植物图片，通过相关软件和查阅资料，识别物种，记录湿地公园的动植物种类和植被类型，认识不同植物的特征。

2. 根据记录整理的物种，评价昆明的生物多样性。

宝丰湿地公园（李林 摄）

实践点2：昆明滇池国际会展中心。

任务清单：

1. 通过参观考察，结合所学知识，了解生物多样性的内涵。

2. 查阅相关资料，梳理云南国家级自然保护区的保护对象，了解云南的生物多样性。

3. 说明保护生物多样性对国家生态安全的意义。

中国（云南）自由贸易试验区昆明片区

2019年8月2日，《国务院关于印发6个新设自由贸易试验区总体方案的通知》印发实施，中国（云南）自由贸易试验区正式设立。2022年6月26日，云南省人民政府办公厅发布《"十四五"中国（云南）自由贸易试验区建设规划》，试验区包括昆明片区、红河片区、德宏片区。

昆明片区实施范围为76平方千米，位于昆明经济技术开发区和昆明市官渡区，划定区域东至东绕城高速公路，南至广福路、南绕城高速公路，西至盘龙江、明通河，北至人民东路，在中国（云南）自由贸易试验区三个片区中面积最大、范围最广。

按照中国（云南）自由贸易试验区总体方案，昆明片区的功能定位是发展高端制造业，重点发展新能源汽车、电子信息、新材料等新兴产业；依托昆明长水国际机场，打造航空物流业，构建面向南亚东南亚的综合物流集散中心，打造昆明国际航空枢纽；建设数字经济产业，加快构建5G生态产业链，推动互联网、大数据、人工智能和实体经济深度融合；发展总部经济、科技创新等现代服务业，吸引国内外著名企业设立职能型总部机构，建设面向南亚东南亚的经济贸易中心、科技创新中心、金融服务中心和人文交流中心，不断增强昆明片区面向南亚东南亚的影响力、辐射力、带动力。

中国（云南）自由贸易试验区昆明片区（李林 摄）

想一想：中国（云南）自由贸易试验区昆明片区提升服务质量的措施。

知识链接

2023年9月8日，中国（云南）自由贸易试验区昆明片区召开制度创新专题新闻发布会，发布了新一批创新案例，包括全国首创高铁"客改货"快运模式、"中亚+中欧"国际班列跨境运输新通道、跨境人员往来便利化集成创新、"RCEP原产地证+跨境人民币结算"全程网办模式等9个案例。

研学活动目标

1. 了解中国（云南）自由贸易试验区昆明片区范围，学习"城市功能区"基础知识，强化区位理论。

2. 通过考察和调查，培养地理实践力。

研学路线： 中国（云南）自由贸易试验区昆明片区

实践点： 昆明斗南国际花卉产业园。

任务清单：

1. 通过查阅昆明市地图，在地图上描绘出中国（云南）自由贸易试验区昆明片区的范围。

2. 运用相关知识，结合地图，分析中国（云南）自由贸易试验区昆明片区的区位优势。

3. 通过考察昆明斗南国际花卉产业园，了解斗南区域产业结构的变化。

4. 结合示意图，与德宏片区和红河片区对比，分析昆明片区的功能定位和发展方向。

俊发·新螺蛳湾国际商贸城

在昆明，有许多被称为"湾"的地方，这些"湾"，都与滇池水域或滇池水系有关。螺蛳湾，元代之前是盘龙江的河尾，滇池与盘龙江在此衔接，盘龙江、玉带河与滇池在这里构成三面临水的渔港，并设有渡口。徐霞客在他的游记里记叙过他在螺蛳湾上船去晋宁区的情景，当时水中漂满螺蛳壳和螺蛳，故名螺蛳湾。老螺蛳湾商城的位置在元代以前是玉皇阁。"螺蛳壳里做道场"，这是从前形容那些有本事的人在很小的地方干出大事业。新螺蛳湾，就是昆明人走向未来商品市场的大道场。

俊发·新螺蛳湾国际商贸城，距昆明主城约19千米，距呈贡新城约13千米，距昆明高铁站及长水机场路程均在30千米以内，地处昆明主城与呈贡新城间的核心位置。其拥有近330万平方米的市场体量，为规模西南第一的现代化国际商贸综合体，拥有商户3万余户，直接就业人员约15万人，日均客流量约为20万人。辐射面遍及云南、四川、贵州、广西等地，远达南亚东南亚等片区。

想一想： 影响俊发·新螺蛳湾国际商贸城布局的区位因素是什么？

> **知识链接**

市内商业中心：市场最优原则，布局于城市几何中心；交通最优原则，布局于市区环路边缘或市区边缘高速公路沿线。物流中心（分拨中心）：优越的地理位置（近中心城市，经济服务范围广，经济辐射力及服务能力强）；土地面积广，发展空间大；地价低，成本低；交通方便（交通枢纽、机场、港口、交通干线附近）；市场广大（经济发达、人口多、收入高、货物流量大；信息通达度高；基础设施完善，物流业基础好；经济发达，城市化、工业化水平高；金融业发达；国家政策支持。

整个商品批发交易市场分三期建设，市场整体涵盖了近50个大类170万种商品，满足大型采购批发商和普通消费群体的需求。目前，俊发·新螺蛳湾国际商贸城已成为涵盖个人、家庭全龄段日常生活用品所需，融合文化艺术、家庭生活和商务社交中心的一站式生活家居采购中心，同时也是云南地区规模较大、品类较全的中药材专业市场。除市场主体外，目前，新螺蛳湾片区还建有集合酒店餐饮、商务办公、品牌发布、休闲文娱的中心湖滨商业配套综合体。

俊发·新螺蛳湾国际商贸城（李林 摄）

想一想：俊发·新螺蛳湾国际商贸城的商业活动对区域产生了哪些影响？

知识链接

促进产业集聚，推动产业升级；增加就业机会，提高收入水平；带动相关产业的发展；促进区域内基础设施的建设；增加税收，推动经济发展；推动区域城镇化。

市场采购贸易方式是指由符合条件的经营者在经国家商务主管等部门认定的市场集聚区内采购的、单票报关单商品货值15万（含15万）美元以下、并在采购地办理出口商品通关手续的贸易方式。2020年9月15日，国家七部委联合发文正式批复指定云南省昆明市俊发·新螺蛳湾国际商贸城为全国第五批市场采购贸易方式试点，试点四至范围是：东至昆洛公路，南至云福街，西至彩云北路，北至广福路。

目前试点软硬件设施建设情况如下：①昆明市场采购贸易联网信息平台。该平台通过信息网络技术，为贸易出口管理各部门开展业务提供数据信息支撑，为市场采购贸易各经营主体提供报关、报检、免税备案、收结汇等各类电子政务"一站式"服务，对商品出口提供全方位一体化支持。②昆明市场采购贸易综合服务中心。该服务中心位于俊发·新螺蛳湾国际商贸城三期市场33区一楼。税务局、市场监督管理局、商务和投资促进局、综合服务中心管理办公室等政府部门将入驻办公，实现行政审批、注册备案、通关、结汇、税务、咨询等"一站式"服务。③昆明市场采购贸易查验中心。该查验中心位于俊发·新螺蛳湾国际商贸城三期市场33区旁，昆明市场采购贸易综合服务中心对面。查验中心严格按照海关相关文件要求设计建设，为出口货物提供申报、查验、放行等全流程监管功能。

除以上试点软硬件设施建设之外，在各级政府主管部门的指导下，俊发·新螺蛳湾国际商贸城还致力于充分发挥专业市场优势，大胆创新，探索市场采购贸易方式新体制、新模式和发展新途径，建设具有昆明特色的市场采购贸易生态体系，打造面向南亚东南亚的新型国际贸易交易中心和货物出口基地，辐射带动区域产业转型升级，助力形成对外开放新格局，为我国培育外贸竞争新优势，以及为我国提升开放水平探索新途径、积累新经验。

想一想：市场采购贸易方式对俊发·新螺蛳湾国际商贸城的发展有什么促进作用？

知识链接

挖掘国际市场潜在需求。市场采购贸易可以将市场上丰富的商品销往国外，激发国外市场的潜在需求，扩大中国小商品的国际市场覆盖面；激发中小企业生产潜力，为广大没有能力搭建自身外贸体系的中小企业和家庭作坊，提供商贸流通和对外贸易的共享平台，搭建与国际市场对接的便捷通道，带动实物生产和就业；推动专业市场外贸转型升级，探索出一条面向全国数千个专业市场开展国际贸易的新路子。

现如今的俊发·新螺蛳湾国际商贸城，在消费业态升级和电商冲击的诸多因素影响下，顺势而为、加速转型，将以一种全新的姿态再次刷新人们对俊发·新螺蛳湾国际商贸城以及消费升级的认知。未来，俊发·新螺蛳湾国际商贸城将紧跟昆明发展步伐，不断地蜕变升级，依托近400万平方米辐射南亚东南亚的巨量商品贸易区和9010亩的全息生活大城，带动整个南市区的交通基础设施建设、旅游产业、教育医疗、生态建设、居住水平全面升级，构筑商贸物流产业聚集、商贸品类繁盛、人居环境良好、交通枢纽便利、教育医疗设施齐全的万亩宜商宜居宜业的全息生活大城，以一站式全息国际化生活社区引领昆明发展，成为区域性国际中心城市建设的"南大门"，让世界瞩目昆明！

想一想：俊发·新螺蛳湾国际商贸城的商业模式发展处于什么阶段？

知识链接

产销一体化模式，改革开放之初，我国的物资相对匮乏，生产能力不足，消费者的需求也非常简单，在这种情况下，市场仍然是供不应求的，定价权、话语权掌握在生产者手中。厂商合作化模式使生产和销售出现了分离，工厂负责生产，经销商、分销商等渠道负责销售产品。在产业链化模式下，随着信息化的发展，尤其是互联网产业的兴起和发展以及电商的崛起，供求双方的信息越来越透明，极大地冲击了传统产业的厂商合作化商业模式。并且伴随着生态系统化模式，互联网发展到智能互联网时代的当下，线上线下的结合越来越紧密，人们的生活和工作已经与互联网完全融合，密不可分，商业的发展就形成一个以互联网为核心，类似生物圈的模式。

想一想：现代服务业与传统商业的优势是什么？俊发·新螺蛳湾国际商贸城是如何将现代服务业与传统服务业融合发展的？

知识链接

现代服务业是相对于传统服务业而言的，它是适应现代人和现代城市发展的需求而产生和发展起来的。我国的现代服务业主要包括：基础服务，生产与市场服务，个人消费服务与公共服务。现代服务业具有"两新""四高"的时代特征。"两新"：新服务领域——适应现代城市和现代产业的发展需求，突破了消费性服务业领域，形成了新的生产性服务业、智力（知识）型服务业和公共服务业的新领域；新服务模式——现代服务业是通过服务功能换代和服务模式创新而产生新的服务业态。"四高"：高素质与高智力的人力资源结构；高感情体验与高精神享受的消费服务质量；高文化品位与高技术含量；高增值服务。现代服务业具有资源消耗少、环境污染少的优点，是地区综合竞争力和现代化水平的重要标志。

电子商务通常是指在全球各地广泛的商业贸易活动中，在互联网开放的网络环境下，基于浏览器/服务器应用方式，买卖双方不谋面地进行各种商贸活动，实现消费者的网上购物、商户之间的网上交易和在线电子支付以及各种商务活动、交易活动、金融活动和相关的综合服务活动的一种新型的商业运营模式。

电子商务的优势可概括为：打破了传统商业模式中的时空限制；电子商务人员创业前期的成本压力大大缩小，电子商务门槛较低，几乎是任何人都可以参与进来；电子商务对于充分发挥市场的资源配置作用创造了最佳条件。

研学活动目标

1. 会分析俊发·新螺蛳湾国际商贸城的区位选择原因，了解商业活动的各个环节。

2. 说明商贸城商品集聚的好处以及货物主要的集散方式。

3. 根据走访情况撰写调查报告。

4. 绘制俊发·新螺蛳湾国际商贸城业态分布图，从空间视角认识区际联系。

研学路线

实践地点： 俊发·新螺蛳湾国际商贸城。

任务清单：

1. 走访商贸城一期、二期、三期，调查各期主要商品类型，选取其中一期，调查不同楼层商品的类型及其货源地。

2. 调查不同楼层不同门面的租金差异，分析不同类商品按期、按楼层集聚的原因。

3. 走访商贸城商户，调查商品的销量、销售方式、主要销售市场及交通运输方式等；走访商贸城消费者，调查消费者选择到商贸城购物的原因等。

4. 走访商贸城，调查网络电商开展的方式及销量。

昆曼国际公路

春去秋来，昆曼国际公路不知迎来送往了多少旅人。1992年10月，首届澜沧江—湄公河次区域经济合作会议在菲律宾首都马尼拉召开，确定了构建昆曼公路的设想。至此开始了为期16年的建设，2008年12月正式通车，昆明到曼谷的路上用时缩短为20小时。

昆曼国际公路起于云南省会昆明，途经玉溪市、普洱市、西双版纳傣族自治州，从云南磨憨口岸入境老挝南塔、波乔省，经会晒进入泰国清孔。在泰国境内经清莱、南邦、来兴（达府）、那空沙旺、猜那府，最后抵达首都曼谷。昆曼国际公路全长1880千米，全程均为高速公路，因地貌多样、风景绚

丽以及多样的民族文化吸引了众多自驾游客和各国旅人慕名前来。

昆曼国际公路不仅仅是一条从中国通往东南亚的货运走廊，随着各国经济发展，交通道路对区域发展的支撑作用愈加明显，而今昆曼国际公路已成为一条连接中国与东南亚的经济走廊、命运走廊。

昆曼国际公路是我国的第一条国际性高速公路，是亚洲公路网编号为AH3公路的一部分，由中国、老挝、泰国和亚洲开发银行合资建设，这条把东南亚各国连接起来的国际大通道可以说是"茶马古道"和"丝绸之路"的传承。位于国内段的昆磨高速主要分为六部分：昆明—玉溪高速公路、玉溪—元江高速公路、元江—磨黑高速公路、磨黑—思茅高速公路、思茅—小勐养高速公路、小勐养—磨憨高速公路，沿线途经昆明市、玉溪市、普洱市、西双版纳傣族自治州。

昆曼国际公路磨憨口岸老挝一侧（李林 摄）

想一想：昆曼国际公路的建设给途经地区带来了哪些影响？交通设施建设对区域发展的影响有哪些？

知识链接：交通对区域发展的影响

1. 促进区域经济发展

（1）便捷的交通运输使区域经济各要素流动速度加快，效率提高，实现产值增长。

（2）便捷的交通运输缩短了不同区域之间的时空距离，使一个区域的经济活动可以辐射其他区域，甚至世界各地，从而加快经济发展速度，提升经济发展水平。

（3）使一些偏远的边境聚落，依托国际陆路交通的优势，发展成为重要的边境贸易口岸。

（4）发展交通运输，可直接拉动原材料、能源、建筑、旅游等行业的发展，增加就业。

2. 影响聚落发展

（1）对城市形成的影响：在客、货吞吐量大的交通枢纽，会集聚与货物相关的制造业，并促进其他产业的发展，往往会形成规模较大的城市。

（2）对聚落形态变化的影响

① 重要交通运输线路或运输方式的变化，会引起区域内客、货运输方向和集散地的变化，从而促使商业网点甚至商业中心城市发生变化。

② 新建的乡村聚落一般临近区域主要公路，一些交通不便的、分散的乡村聚落会逐渐消失。

③ 聚落的形态往往会沿着交通干线分布，进而影响聚落的形态分布。

昆曼国际公路沿途美丽的风景特色和民族风情使其成为一条旅游大通道。交通是交旅融合发展的基础，交通线路的修建提高了沿途地区的通达度，大大缩短了人们出行的时间，极大地刺激了旅游业的发展。经过多年建设，截至2024年，云南高速公路通车里程达10758千米，跃居全国第二位。以昆磨高速公路为例，沿途的城市都有自己的旅游景点。

云南与南亚东南亚山水相连、人文相亲。在新起点上，云南要继续加强与南亚东南亚国家的互联互通，以昆曼国际公路、中老铁路为引领，加强交通的互联互通，便利人员往来、货物运输，使沿线各国更好地融入"一带一路"建设中。

想一想：交通对旅游业发展的影响有哪些？

知识链接：交通与旅游业

1. 交通对人们选择旅游目的地的影响。交通的通达度直接影响到人们对旅游目的地的最后选择，一般情况下，交通便利的旅游景区比交通闭塞的旅游景区更占优势。

2. 交通对旅游资源开发的影响。旅游业的发展离不开观光者的支持，交通的便捷程度在一定程度上影响了目的地的开发程度。

3. 交通对旅游质量的影响。游客们出行多数选择在假期中，寻求放松与娱乐，而交通质量极大地影响了游客的心情。更多的旅游业逐渐从"温饱型"走向了"精神型"。

研学活动目标

1. 通过去昆明南部汽车客运站对国际班车进行实地调研，加深对昆曼国际公路的理解和认知。

2. 通过与乘客和司机的交流，了解昆曼国际公路的变迁。

3. 通过与工作人员交流，了解昆曼国际公路的运行状况和客货运量。

研学路线：昆磨高速客运量考察

实践地点： 昆明南部汽车客运站。

任务清单：

1. 在售票大厅内询问售票员或管理人员，目前使用到昆磨高速线路的车次始发地和目的地，每日几班次，以及近一段时间来乘客人数的变化。

2. 询问或查阅中国到琅勃拉邦的车次，每日几车次，乘客数量及变化情况。

3. 询问司机近些年长途客运中昆磨高速公路的变化。

4. 根据记录和整理情况，试评价昆磨高速公路旅客运量情况。

第九章

撷秀昭通

昭明之地，通达之城；磅礴乌蒙，三省福地；将军故里、红色之地；天麻之乡，苹果之城；古道雄关，金沙江穿行而过，巍峨青山，绿水长流，孕育出坚韧勤劳的人民。

第一节　将军故里——彝良

　　罗炳辉，1897年出生在云南彝良一个贫苦农民家庭。1929年秘密加入中国共产党。同年11月，率部起义，参加中国工农红军。1933年，罗炳辉任红军红九军团军团长。全面抗日战争期间，罗炳辉历任新四军第一支队副司令员、第五支队司令员、第二师师长兼淮南军区司令员，为开辟皖东抗日根据地、创建扩大淮南抗日根据地作出了突出贡献。1946年，国民党反动派撕毁停战协定，向苏、皖、鲁各解放区大举进攻。罗炳辉放弃出国治疗的机会，转战山东战场，带病指挥战斗。同年6月初，枣庄前线吃紧，6月7日，在罗炳辉的指挥下，枣庄战役打响。16日，在枣庄胜利解放的捷报传来后，罗炳辉昏倒在峄县前线指挥所。21日，在被送往临沂后方医院的途中，罗炳辉的心脏停止了跳动。中华人民共和国成立后，他被中央军委认定为解放军三十六位军事家之一。

罗炳辉将军纪念馆（甘国其 摄）

研学活动目标

1. 走进罗炳辉将军纪念馆，感受老一辈革命家筚路蓝缕、浴血奋战的艰苦条件。

2. 搜集并讲述罗炳辉将军的革命故事，学习共产党的发展历史和艰苦卓绝的革命历程，感受共产党在中国近现代历史中的关键作用及共产党人坚持不懈的奋斗精神和大无畏的牺牲精神。

3. 谈谈印象最深刻的一件文物，厚植家国情怀。

研学路线：罗炳辉将军纪念馆

实践点： 罗炳辉将军纪念馆。

任务清单：

1. 走进罗炳辉将军纪念馆，倾听罗炳辉将军的故事，感受老一辈革命家筚路蓝缕、浴血奋战的艰苦条件。

2. 搜集资料并现场讲述罗炳辉将军的革命故事。

3. 谈谈印象最深刻的一件文物及受到的启发。

第二节 天麻之乡——彝良小草坝

小草坝自然环境特征

昭通市位于云南省东北部地区,连通四川省与贵州省,是云贵川三省的腹心地带,也是滇、川、黔三省八县接合部。小草坝景区位于昭通市彝良县的东北部,东临龙海镇,西靠龙安镇,南接荞山镇,北连盐津县,是昭通市著名的旅游景点。小草坝景区地势为东高西低,总体属构造剥蚀、侵蚀中山地貌,地形起伏大,海拔高程为1618~1960米,总体地形坡度达35°~45°。

该景区北部边缘较平,视野较开阔;南面地貌,以低山丘陵为主,主要是石灰石中晚期形成的,海拔为1700~1800米,多见石灰岩残缺、石林等景观。小草坝处于北亚热带季风气候区域,具有明显的季风气候特征,如温差较大,垂直气温差异明显。从河谷到高海拔地区主要跨中亚热带、北亚热带、南温带和中温带4个温度带,因而西南部的温度较高,雨水较少,日照时间长,而东北部雨水较多,气温较低,日照时间短。彝良县降雨具有明显的南、北分带特点。在水平分布上北多南少,在垂直分布上随高度增加降水量增多。降雨多数分布于5月至10月,降水量占全年的93.6%。旱季多数分布于11月至次年4月,年平均气温13.4℃,降雨量774.6毫米;相对湿度72%;年日照1320.3小时。景区地表水体主要为景区北西侧溪沟,溪沟由评估区北东侧向南西侧流出。

想一想:小草坝生物多样性丰富的原因及保护措施有哪些?

> **知识链接**

小草坝生物多样性丰富，有万余公顷规模的林场，由天然林和人工林组成。且人工林与天然林相间分布，从远处看层次分明，区内的动植物数量众多，具有高等植物193种，其中珙桐、水青树等珍稀品种29种，省级重点保护植物5种，还有11种如椴木、南方红豆杉等国家珍稀树种，以及约700种的各类动植物，具有非常高的潜在开发价值。

小草坝生态旅游区

景区内有朝天马省级自然保护区一个，森林覆盖率达87.6%。小草坝省级风景名胜区是大自然的杰作，集原始森林、河流、奇峰、溪涧、瀑布、叠水、池塘、石林等景观于一体，以雄、奇、险、幽、秀、朴取胜。景区内不仅植被、生物种类多样，且珍稀动植物繁多，据统计有高等植物1200余种，野生脊椎动物96种。有珙桐、水青树等国家珍稀濒危保护植物29种；省级重点保护植物5种；有椴木、南方红豆杉等国家珍贵树种10种；有黑熊、猕猴、红腹锦鸡等国家重点保护野生动物16种。

想一想：县域旅游资源评价及可持续发展措施。

> **知识链接**

小草坝生态旅游区具有观赏性、趣味性、科考性、探险性、休闲性、娱乐性的景点多达600余处，散布在13条大小河流之上，隐藏于密林之中，如渴驼饮泉、银河飞瀑、天门鸽树、刀梁险道、燕岩石峰、懒汉澡塘、贵妃浴池、白鹇戏狮、万佛奇洞等。其千峰万仞、深谷溪涧、瀑布叠水、云雾弥漫的景色构造了既有四川九寨沟的神奇又有湖南张家界的婉约的意境；蜚

声海内外的小草坝天麻、朝天马神奇美丽的传说、"疑是银河落九天"的牛角岩瀑布，更唤起人们的美好遐想。

小草坝天麻

小草坝天麻个大、肥厚、饱满、半透明，质实无空心，品质优良，是昭通天麻的代表，也是云南天麻的代表，素有"云天麻"之称。另据记载：早在清乾隆五十年（1785年），四川宜宾知府就曾派专人前来彝良小草坝采购天麻，以作为贡品向乾隆皇帝祝寿。1950年，在云南省举办的农产品展销中，彝良小草坝天麻获银奖。1973年广州秋季交易会上，"中国小草坝天麻"被陈设在土产馆，标价12万元/吨。彝良县小草坝"野生天麻酒""精装野生天麻"在"食品专家鉴定会"上分别获金奖和银奖。

小草坝天麻（甘国其 摄）

想一想：天麻具有药用功效的原因是什么？

知识链接

天麻是中国名贵的中药材，又是绿色保健食品，因其特殊的药理和保健作用，故声誉不在冬虫夏草、三七、人参之下。其作用被归结为"三抗、三镇、一补"，即："抗癫痫、抗惊厥、抗风湿；镇静、镇痉、镇痛；补虚"。现代药理研究表明，天麻主要有四大治疗作用：即对神经中枢系统的镇静、抗惊厥和镇痛作用；对心血管系统的强心降压作用；有耐缺氧作用和增强免疫功能作用。主治高血压、头昏、头痛、目眩、耳鸣、中风、半身不遂、筋骨疼痛、行步艰难、腰膝沉重。久服益气延年、固精、补血、黑发，为治病、养生、补血的良药。

研学活动目标

1. 小草坝自然地理综合考察。
2. 搜集资料研究小草坝生物多样性丰富的原因及保护措施。
3. 结合资料和考察，评价县域旅游资源及可持续发展措施。
4. 实地考察小草坝天麻种植的区位优势。
5. 查询天麻具有药用功效的原因及体验天麻食用做法。

研学线路一：小草坝生态旅游区

实践点： 庙山叠瀑→河坝水帘→环河磐石→赤溪红壁→万佛奇洞。

任务清单：

1. 自然地理综合考察，小组分工合作（地质地貌组、气候组、植被组、水文组、土壤组）。
2. 统计植被类型及特征，分析生物多样性的原因。
3. 评价县域旅游资源及可持续发展措施。

研学线路二：天麻博物馆

实践点： 天麻博物馆。

任务清单：

1. 了解彝良天麻的发展历史。
2. 了解天麻的药用功效及原因。

研学线路三：天麻种植基地

实践点：天麻种植基地。

任务清单：

1. 实地考察小草坝天麻种植的区位优势。

2. 体验制作天麻美食。

第三节　高海拔黑颈鹤之乡——昭通大山包

大山包概况

　　大山包自然保护区位于云南省昭通市昭阳区西部，距昭阳中心城市64千米，区域面积389.91平方千米，最高海拔3364米，最低海拔2210米，巨大的海拔落差形成了高原丘陵地貌，高原湿地生态系统，金沙江、乌蒙山大峡谷并存的自然生态气象景观。年平均气温6.2℃，是西南地区最好的避暑胜地，被冠以"国际重要湿地""翼装飞行亚洲唯一训练基地""中国国家公园""中国黑颈鹤之乡"等美誉。

　　大山包自然保护区地处云南省东北部，地带性气候为亚热带季风气候，本应夏季高温多雨，冬季温和湿润。但因海拔较高（平均海拔超过3000米），加之距海洋较远，受海洋水汽的影响较小，故形成了以暖温带高原性季风气候为主的气候类型。干湿季节分明，降水集中在5月至10月，约占全年降水量的88%，冬季有较少降雪，积雪平均时长为34.6天，年降水量1100～1300毫米。

大山包景观（郑远见 摄）

大山包自然保护区分属金沙江水系（长江源头至四川宜宾段），保护区内河沟、湿地较多，主要河沟有石龙河、岔河、西大沟、铁匠沟、毕家沟等，主要湿地有大海子水库、跳墩河水库、勒边寨水库、燕麦地水库等。但海拔高降水少，区域面积小，故河沟流程较短，湿地面积较小，其中跳墩河水库面积最大，水域面积约3.375平方千米。主要补给类型有雨水补给、春季季节性积雪补给、地下水补给等，湿地由于地势较低，受地下水的调节较大，故水位相对稳定。

大山包自然保护区（郑远见 摄）

想一想：大山包形成的过程及湿地形成的原因。

知识链接

　　大山包自然保护区地处滇东北五莲峰山脉，大山包是其主峰，属构造侵蚀高山。第三纪初为准平原的一部分，后地壳抬升，金沙江及支流横江、牛栏江强烈切割形成高山地貌，但山顶部是保存较平缓的残余高原平面，后经外力作用形成波状起伏的山丘地貌。高处形成低矮的山丘，山头浑圆，呈"面包状"，山丘之间则是相对开阔的凹地，往往积水成为湿地。

动一动：绘制大山包植被垂直分布图

| 山麓阔叶林 | 山地针叶林 | 稀疏灌丛 | 高山草甸 |

大山包植被图（甘国其 摄）

知识链接

　　大山包自然保护区垂直高差较大，不同海拔水热组合状况差异较大，导致植被垂直差异显著。海拔2100米左右为落叶阔叶林，随着海拔升高，出现针阔叶混交林，到2400米左右为典型针叶林，2600米左右为稀疏灌丛和草甸，再往上则为典型的高山草甸。其中，针叶林主要为次生华山松，掺杂少量云南松和高山松，高山草甸植物类型多样，主要有马先蒿、报春花、小酸模、灯芯草、狼毒等。

　　想一想：大山包成为海拔最高的黑颈鹤越冬地的原因是什么？

大山包的黑颈鹤（郑远见 摄）

知识链接

保护区内动物种群多样，记载有动物28科68种，其中哺乳动物4科10种；鸟类18科52种；鱼类3科5种；爬行类2科3种；两栖类3科3种。黑颈鹤和白尾海雕是国家一级保护动物，属全球性濒危物种；灰鹤、苍鹰、雀鹰、白尾鹞等为国家二级保护动物；豹猫、斑头雁、赤麻鸭、翘鼻麻鸭、绿翅鸭、鹊鸭、针尾鸭、绿头鸭、斑嘴鸭等为云南省级保护动物。

动一动：在山麓的常绿阔叶林带和山顶的高山草甸带分别挖出两个土壤剖面并分析土壤形成原因。

知识链接

土壤的发育受成土母质、气候、生物、海拔、坡度、坡向等自然因素的影响。保护区内垂直高差较大，不同区域自然因素差异明显，致使土壤差异显著。从高海拔至低海拔分别为：亚高山草甸土（局部沼泽土）（3000米以上）→棕壤（2800~3000米）→黄棕壤（2200~2800米）。山麓地区人类耕作活动时间较长，有明显的耕层；顶部山丘处海拔高，土壤发育程度差，土层较薄，多岩体碎屑，但富含矿物质较多。低凹处为湿地，主要土壤类型为泥炭土和沼泽土。有机质含量丰富，平均达20%，氮含量约2%，土壤pH值为8.2，但速效养分含量较低。

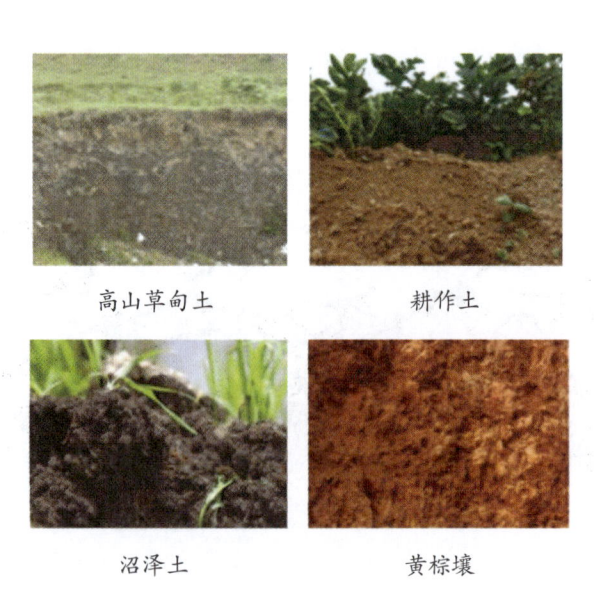

高山草甸土	耕作土
沼泽土	黄棕壤

大山包土壤（甘国其 摄）

大山包旅游发展

大山包日出（郑远见 摄）

大山包高山草甸（郑远见 摄）

大山包冬季雪景（郑远见 摄）

大山包特色农业（郑远见 摄）

想一想：大山包旅游资源开发面临的困境有哪些？

知识链接

保护区内高山峡谷、悬崖峭壁、明镜湖泊、多样生物、淳朴民情等应有尽有。鸡公山大峡谷是中国最深的玄武岩大峡谷，山体三面绝壁，垂直落差可达2600米。站在鸡公山上，可观云海翻腾，可眺金沙江江水奔腾，可感毛主席"乌蒙磅礴走泥丸""金沙水拍云崖暖"的雄浑气魄。跳墩河水库，水质清澈，万年长存，它是国家一级保护动物黑颈鹤在大山包的主要栖息地之一，是无数的摄影家、画家、文学家的天堂。草甸上不时奔跑的牛羊如散落的珍珠，让人们体会到"风吹草低见牛羊"的美妙意境。大山包有着"国际重要湿地""翼装飞行亚洲唯一训练基地""中国国家公园""中

国黑颈鹤之乡"等美誉，是集自然保护区、自然景观于一体的山岳型风景旅游区。

研学活动目标

1. 自然地理综合考察：地形、气候、水文、生物、土壤等。
2. 旅游资源开发及可持续发展评价。

研学线路： 小河边—小石岩—火草坪—小梁子—大山包镇—大海子湿地—玻璃栈道—鸡公山—翼装飞行训练基地

实践点1： 小河边—小石岩—火草坪—小梁子—大山包镇。

任务清单：

1. 自然地理综合考察，小组分工合作（地质地貌组、气候组、植被组、水文组、土壤组）。
2. 考察植被的垂直地域分布规律，绘制大山包植被垂直分布图。
3. 分析山麓（常绿林）地带土壤剖面、小梁子（高山草甸带）土壤剖面。

实践点2： 大海子湿地。

任务清单：

1. 探究大海子湿地的形成原因。
2. 探究大山包成为海拔最高的黑颈鹤越冬地的原因。

实践点3： 玻璃栈道—鸡公山—翼装飞行训练基地。

任务清单：

1. 探究大山包形成过程。
2. 对旅游资源开发及可持续发展进行评价。

第十章

撷秀瑞丽

瑞丽市位于云南西部，属南亚热带湿润性季风气候，具有夏季炎热而漫长、冬季温暖而短促、雨量充沛、冬季多雾等特点。海拔在700~2000米之间，地形以山间盆地为主，拥有山峦、峡谷、瀑布、河谷等地貌，立体气候突出。东连芒市，北接陇川县，西北、西南、东南三面与缅甸毗邻，村寨相望。

莫里雨林瀑布（王骥 摄）　　　银井佛塔（旺也 摄）

第一节　南亚风情边陲小镇

瑞丽市是多民族聚居的地区，主要民族有汉族、傣族、景颇族、德昂族等。2023年，其少数民族人口占常住人口的38.6%。另外，还有大量缅甸华侨、缅族、罗兴亚人在瑞丽聚集。多样的文化和隆重的各种民族节日，使得瑞丽市具有丰富的民俗文化和南亚风情。因此，瑞丽也是中缅两国文化交流的重要场所，两国之间的人员往来和文化交流促进了多种文化的融合，吸引了大量的国内外游客。

牛车是缅甸常见交通工具（岩晓　摄）

想一想：为什么瑞丽边贸活跃，异域文化特征显著？

知识链接

瑞丽市位于中国与缅甸的边境，与缅甸的南坎、木姐等隔瑞丽江相望，是中国通往缅甸的重要陆路口岸，也是中国通往东南亚的重要门户之一。这使得瑞丽成为中国与缅甸之间的重要贸易和交流枢纽，也为瑞丽的翡翠相关产业发展提供了机遇。

第二节 翡翠——滴血美玉

翡翠是一种以硬玉矿物为主的辉石类矿物组成的纤维状集合体。翡翠的颜色丰富多彩，其中绿色翡翠最为珍贵，被视为翡翠中的上品。此外，翡翠的质地和透明度也是评估其价值的重要因素。质地细腻、透明度高的翡翠美观、抗氧化能力强，数量稀少，所以价格高昂。在市场上，翡翠被广泛用于制作各种珠宝首饰，如手镯、吊坠、戒指和耳钉等进行售卖。

翡翠福瓜吊坠从看料、去壳、雕刻到抛光的蜕变过程

翡翠产区主要集中在缅甸北部以帕敢为中心的地区。近年来缅甸联邦政府收回了翡翠矿石开采权，并交由大型企业开采、选矿和销售，运用大型机械设备开挖，再经过人工重重选料，之后产生的矿渣废料，会当作福利让当地居民来翻找遗漏的小型原石，因为存在一夜暴富的机会，这些贫困国家里的底层人民不等重型卡车倾倒完矿渣，就冒着巨大风险加入捡拾翡翠原石队

伍。他们被称作"也木西",缅语意为拾玉人。

也木西冒险捡拾翡翠原石

想一想:缅甸所处板块位置在哪里?翡翠原石的形成过程是什么?

知识链接

翡翠只有在地质条件很特殊时才会形成:即原生有基性、超基性岩的围岩,构造运动活跃,高压低温变质情况。

跋山涉水,玉出云南

自汉朝起,雾露河(乌龙河)流域隶属于永昌府(现保山市)管辖。早在1639年(明崇祯十二年),徐霞客在其《永昌府游记》中已载有翡翠的相关文字,徐霞客游历到腾冲时,获得潘生送的两块翠生石,两个石头一为白多而间有绿点,一纯翠。后拿到保山加工成印池、杯子各一件,加工费为银一两五钱。到了近代,在英军侵入缅甸后,帕敢等地才划归缅甸管理。因此，至今仍有人认为翡翠出产自我国的云南省。

清朝时期，乾隆皇帝对翡翠情有独钟，一些江南的琢玉名匠也能精细地将中华文化完美地诠释在翡翠上。在乾隆皇帝的带头示范之下，从此以后，清朝历代的帝王、后妃，都对翡翠偏爱有加，而王侯贵戚也皆以拥藏翡翠的多少来衡量自己的财势。翡翠自此走上"开挂"之路。下图为清代《翠玉白菜》摆件，匠人巧用翡翠颜色雕刻出蝈蝈和蝗虫趴在白菜上的情景，现藏于台北故宫博物院，是镇馆之宝。

清代《翠玉白菜》摆件（台北故宫博物院藏）

想一想：最适合开采翡翠原石的季节是哪个季节？缅甸开采、运输翡翠原石面临的挑战有哪些？

知识链接

相传翡翠的发现是一位中国云南腾冲驮夫的功劳，他在从帕敢返回腾冲的途中，因马驮货物一侧较沉，而在雾露河（乌龙河）边拾石头平衡马身，回家后发现石头颜色泛绿，经打磨后显现出碧绿的色泽，用它做成的首饰精美绝伦，十分好看。消息传开后，人们便争相到缅甸开采这种美丽的石头，这石头就是翡翠。

翡翠销售新业态

近年来中国经济持续稳定发展，人均可支配收入持续增加，消费者对高品质、高价值商品需求日益增加。随着通信技术的进步和现代物流的发展，尤其伴随着电商迅速崛起，极大促进了翡翠行业的销售。据天猫珠宝饰品、淘宝珠宝饰品联合智篆GI发布的《2023珠宝饰品行业趋势白皮书》介绍：2020年我国饰品市场规模仅6100亿元，2021年消费快速扩张达7200亿元，2022年基本与2021年持平，黄金品类占六成，其次为玉石和钻石类。

单位：元

年份	规模
2014年	5674亿
2015年	6073亿
2016年	6134亿
2017年	6527亿
2018年	6988亿
2019年	7503亿
2020年	6100亿
2021年	7200亿
2022年	7190亿

数据来源：中宝协、智研咨询

2014—2022年我国珠宝首饰市场消费规模

目前，中国饰品企业从规模看，主要是中国黄金、中国珠宝、老凤祥等大型企业，众多中小电商、个体户也参与其中。从销售渠道来看，饰品市场融合了线下和线上交易，线上销售渠道以购物网站为主，以直播电商和社交平台为辅。预计到2025年，饰品线上销售额将超过线下销售额。从顾客体验、个性服务、售后和口碑等心智偏好研究来看，销售模式呈现以下新特点：①提供翡翠饰品试戴、翡翠原石切割体验；②迎合消费者对转运、生肖元素的偏好；③提供私人定制服务；④满足新国风人群对文化内涵关注的需求。

想一想：初入职场的消费者购买翡翠饰品时，向你询问购买渠道，你会推荐线上还是线下？理由是什么？

研学活动目标

通过参观瑞丽翡翠交易市场、电商直播间，以及观察周边的翡翠配套企业种类、数量及分布特征，辨别翡翠原石、翡翠饰品的特征，提升审美能力；调查采访相关从业人员了解行业发展的现状，分析该行业发展的优势及劣势，提出可持续发展措施。

1. 观察并区分不同翡翠原石和翡翠饰品的颜色、质地和结构等特征。
2. 探寻影响瑞丽翡翠市场的因素和带来的影响。
3. 了解近期翡翠行业的发展情况，并为瑞丽翡翠产业发展献计献策。

研学线路一：多宝之城

任务清单：

1. 观察并区分不同翡翠饰品的颜色、质地特征。
2. 分析瑞丽翡翠市场交易形式发生变化的主要原因。
3. 推测交易形式变化给瑞丽翡翠市场带来的影响。

研学线路二：德龙国际珠宝城

任务清单：

1. 观察并区分不同翡翠原石的质地和结构特征。
2. 采访从事翡翠加工、销售和运输的人员，了解近期翡翠行业的发展情况。
3. 归纳整理你了解的瑞丽翡翠行业的优势和劣势，尝试为瑞丽翡翠产业可持续发展提出建议。

提出你的问题

观察翡翠及相关产业你会有很多新发现。比如，同样是翡翠，都包裹在

厚壳之中，为什么有的翡翠饰品透亮而无色，有的却色彩丰富。善于提出问题可以让你的头脑更灵活，可以让这次研学更加有意义。现在请根据你的观察，尽可能多地提出问题，询问老师、寻求翡翠从业者的帮助，和组员们一起寻找答案吧。

一起寻找答案

问题1：	寻找答案：
问题2：	寻找答案：
问题3：	寻找答案：
问题4：	寻找答案：

附 录

历史撷秀

昆明是一座历史悠久的城市，是国务院公布的首批24个国家历史文化名城之一，拥有超过2200年的建城史，滇池地区更是拥有3000年的文明史。

一、"昆明"一词的由来

"昆明"一词最早并非城市名称，而是一个居住在中国西南地区（今云南、四川南部、贵州西部一带）的古代族群的名称，即"昆弥"。真正将昆明作为临近滇池边的城市名称的是元朝。1253年忽必烈率兵灭大理，在鄯阐城设"昆明二千户所"，后又改为昆明县，隶属中庆路，中庆路和云南行中书省就在昆明县城内，昆明由此成为云南省会，并一直作为全省的政治、经济、文化中心延续至今。

二、古滇文明，青铜璀璨

在昆明市呈贡区龙潭山的洞穴中，考古学家发现了距今约3万年前的现代人化石以及数以百计的旧石器，证明早在3万年前滇池地区就有现代人类在此定居。

滇池地区的人类在距今4000~5000年前进入了新石器时代，很多遗址中发现有螺蛳壳堆积、泥质红陶等。陶器底部多有稻谷印痕，说明滇池地区是以种植稻谷为生的新石器时代的人类聚落点。滇池地区新石器文化主要分布在今天的滇池、抚仙湖、星云湖等高原湖泊群附近，说明这是滇中特有的原生性高原湖泊古文明。

在滇池附近还发现了距今3200多年的古滇青铜文明。在古滇地区有丰富的铜矿和铅锌矿，为青铜文明的产生提供了物质基础。古滇青铜文明的出现证明当时古滇地区的部落已经有了相当程度的社会分工结构，生态环境极佳，物产丰富，也反映了古滇地区的文明璀璨。青铜器种类繁多，造型各异，制作精美，从类型上分，有乐器、礼器、兵器、生产工具、纺织工具、生活用具、装饰用具等。

三、庄蹻入滇

公元前3世纪（约前298至前277年间），楚国大将庄蹻率众入滇，与当地部落联盟，建立了"滇国"，自称"滇王"，其故城在今晋宁区晋城街道。庄蹻入滇，带来了楚国和中原内地先进的文化、技术，与当地文化融合，演变成了独具特色的"滇文化"。

四、汉武开滇

西汉元封二年（前109年），汉武帝派兵进军西南，滇王被迫归降。汉王朝以滇池地区为中心设置了益州郡，郡治与滇王驻地同在今晋城附近。郡下设县——昆明为谷昌县。这标志着滇池地区已被纳入中原王朝版图，这是古代云南接受中央王朝直接统治的开始。郡县制度的施行，有力地促进了滇池地区奴隶制社会的解体。汉族移民和中原内地先进技术、文化的传播，使滇池地区的经济发展达到了一个新的水平。

五、爨氏自雄，隋军收滇

东晋以后，爨氏势力逐渐强盛，成为滇中地区的统治者。到梁末隋初，滇池地区已成为当时西南在经济上较为繁荣和富庶的地区。隋大业十三年（617年）李渊起兵，次年隋亡，渊在关中称帝，国号"唐"。唐朝先后在云南设置了九十二州，滇池地区为九十二州的主要部分。

六、南诏崛起

唐代中叶，蒙氏势力在洱海地区崛起，建立南诏国。唐永泰元年（765年），南诏国筑拓东城，为昆明建城之始。大理国时称鄯阐城。拓东城、鄯阐城分别为南诏国、大理国的"东京"。

七、大理承袭，鄯阐城兴

南诏大明七年（937年），大理段思平夺取南诏政权，建立大理国，统一了云南，在拓东城的基础上设鄯阐府。随着鄯阐府城市规模的扩大，繁华的市中心逐渐移至盘龙江以西（今金碧路、三市街）一带。到大理国末期，

鄯阐城已发展成为滇中一座"商工颇众"的繁华城市。

八、赛翁治滇

元宪宗三年（1253年），元军攻占云南。元至元十三年（1276年），赛典赤治滇后，正式建立云南行中书省。置昆明县，为中庆路治地（昆明命名即始于此），并把行政中心由大理迁到昆明。自此，昆明也正式成为全省政治、经济、文化的中心。元朝统治时期，大兴民屯，整修水利，订立租赋，免除徭役，扩大农田面积，发展丝织业，使滇池地区的政治、经济有了新的发展。

九、明朝时期

明洪武十四年（1381年），明朝进军云南后，改元代"路"一级行政区为府，仿内地建制，设置云南承宣布政使司和都指挥使司。明代，大量移民进入云南，昆明汉族人口首次超过本地土著居民。

十、清朝时期

明末清初，李定国等农民起义军、南明永历帝、吴三桂先后在昆明或建立政权或建立皇宫。

清朝后期，自鸦片战争以后，法、英等帝国主义势力迅速侵入云南。清光绪十年（1884年）创立的云南机器局，成为昆明近代工业的开端。清光绪三十年（1904年），清朝把昆明辟为商埠。清宣统二年（1910年）滇越铁路的修通，进一步加强了昆明作为全省商业、贸易中心的经济地位和交通枢纽地位。1906年初，同盟会成员在昆明成立"公学会""滇学会"等，开展革命活动。1911年10月30日（阴历重九），昆明爆发"重九起义"，蔡锷领导昆明新军起义并攻占督署，推翻了清朝在云南的统治。次日，云南军都督府成立，推蔡锷为都督。随后云南全省光复，辛亥革命在云南获得了全面胜利。

十一、护国首义，再造共和

民国四年（1915年），昆明爆发"护国首义"，全国响应。民国八年（1919年），设云南市政公所，为昆明设市的发端。民国十一年（1922年），改设昆明市政公所。民国十七年（1928年），成立民国昆明市政府。抗日战争时期，昆明成为支撑中国抗战的经济、文化、军事重镇之一。

十二、抗战时期，实业兴邦

民国二十六年（1937年），抗日军兴，外地的工厂、学校内迁，大量的资金、设备和人才流入昆明，促进了昆明经济的短暂繁荣。国民党中央和云南地方的官僚资本纷纷在昆明设置和开办工厂企业，如中央机器厂、炼铜厂、电工厂、发电厂等。

十三、卢汉起义，和平解放

1949年12月9日，卢汉率部在昆明起义，昆明宣告和平解放。1950年2月20日，中国人民解放军第二野战军进入昆明。

十四、城市变迁，开放发展

2011年1月，昆明市政府驻地由昆明市盘龙区迁至呈贡县，5月20日，改呈贡县为呈贡区，开启了自元代以来省与市治所在空间上分离的时代。呈贡新区开始发挥行政中心特有的聚集资本、资源、人口、产业的效应。

自然撷秀

一、昆明主要山峰

昆明主要山峰包括昆明范围内十座地理最高山峰。各大山峰景色优秀，山势连绵，垂直差异各有不同，依托各县区十大山峰资源，围绕登山线路可覆盖自然地理很多板块（如地形地貌、地质、气候、河流、土壤、生物垂直地域分异等）。昆明十峰于2017—2019年被评为云南省体育旅游精品线路；2019年被评为全国十佳体育旅游精品线路；2020年被评为全国体育旅游精品线路。下表展示了昆明十大山峰具体所在位置及海拔高程大致情况。

附表1

序号	山峰名称	所在地区	海拔	导航地址
1	老圭山	石林县	2601m	圭山国家森林公园
2	黑风山	安宁市	2617m	安宁现代农业园
3	谷堆山	晋宁区	2648m	大陷塘村
4	老爷山	宜良县	2730m	宜良木希村
5	金铜盆山	富民县	2817m	九峰山护国西华禅寺
6	梁王山	呈贡区	2820m	秋木箐社区居民委员会
7	大尖山	嵩明县	2840m	桃花庵村
8	花石头山	寻甸县	3294m	石垭口村
9	轿子雪山	禄劝县	4223m	轿子山风景区停车场
10	雪玲	东川区	4344m	新炭房村

十大山峰的攀登过程，首先可以在网上获取相应的登山线路图，根据等高线地形图路线指引，在攀登过程中感受从山麓到山顶自然要素的变化，如气温高低的变化、乔木类型的更替、生物群落的不同，感受大自然的鬼斧神工。下面我们以轿子雪山和谷堆山为例分享登山过程中一些有趣的地理知识。

二、轿子雪山

轿子雪山国家级自然保护区位于东川区和禄劝县交界处，是昆明市唯一的国家级自然保护区，距禄劝县城约150千米，境内最高海拔4223米，最低海拔2300米，相对高差接近2000米，保存了滇中高原最为完整的原生植被和生境垂直带谱，形成了复杂多样的生态系统，丰富的珍稀动植物资源造就了轿子雪山"生物多样性宝库"的盛名。同时，轿子雪山还是长江上游重要的生态安全屏障。轿子雪山属于季节性雪山，是北半球纬度最低的雪山，因其山形似一乘放置在万山丛中的花轿而得名。轿子雪山国家级自然保护区内具有干热河谷硬叶常绿栎林、半湿润常绿阔叶林、山顶苔藓矮林、寒温山地硬叶常绿栎林、温凉性针叶林、寒温性针叶林、寒温灌丛、寒温草甸等，含7个植被型、11个植被亚型、17个群系组和28个群系，是滇中山地植被生态系统自然性最完整的地区，具有较高科研价值。例如，保护区的长苞冷杉林不仅是我国长苞冷杉林中分布纬度最低、经度最东的类型，还是分布海拔最低的类型，在云南的植被地理分布中也极为特殊。

三、昆明气候

2020年，全球竞争力研究会、中外城市竞争力研究院、香港世界文化地理研究院、亚太环境保护协会等机构联合行动，在世界范围内筛选出了堪称春城的80座宜居城市，其中昆明位居第一。昆明宜居得益于昆明独特的气候，被誉为"春城"。在这座春天的城市，一年四季你都可以感受到春天的肆意与浪漫。

气温是影响气候舒适度的首要因素。昆明主城区年平均气温15℃，全年≥10℃的天数长达323天；最热月平均气温20℃（无夏季）、平均最高气温仅25℃，最高气温≥30℃的天数全年仅2天；最冷月平均气温7.9℃，<10℃的全年冬天期42天。昆明是典型的"四季如春"（春秋型）城市，气温年较差小，日较差大。在全球气候变暖的背景下，每到夏天，我国其他省份大都处于汗流浃背的酷暑中，昆明在一众热浪里保持着"小清新"，成为凉爽宜人的避暑胜地。根据监测数据，2023年暑期，昆明、大理、楚雄等州市的外地游客占比在50%至75%。

冬春日照充足、阳光明媚是昆明主要的气候特征。每年11月至次年4

月，昆明主要受大陆性干暖气团控制。冬季，影响全国大部分地区的极地冷气团"攀登"云贵高原困难，使昆明主要受干暖气团控制，冷空气主要停滞在贵阳一带，因此昆明和贵阳之间形成了著名的"昆明准静止锋"天气系统。昆明的冬季是被自然偏爱的，在其他省份面临寒潮、严冬的酷寒时，昆明一片暖阳，让人感到舒服和沉醉。

四、昆明土壤——东川红土地

"东川红土地"位于昆明市以北偏东方向，属昆明市东川区管辖下的红土地镇。这种因云南东川高温多雨下发育而成的红色土壤，含铁、铝成分较多，有机质少，酸性强，土质黏重。这里方圆近百里的区域是云南红土高原上最集中、最典型、最具特色的红土地，衬以蓝天、白云和那变幻莫测的光线，构成了红土地壮观的景色。

这片土地因为富含氧化铁等矿物质而呈现出鲜艳的赤红色，像熊熊燃烧的火焰般炫目耀眼，也是全世界除巴西里约热内卢外最有气势的红土地，但景象比巴西红土地更为壮观，景色更加美丽。

红土地的最佳观赏摄影时间在每年的5月至10月。不同季节有不一样的风景，绿色、黄色、白色，加上翻耕待种的红色土壤，路边色彩斑斓的野花，配以蓝天白云，宛若上天挥洒的彩带，又如打翻了的调色板，五彩缤纷，绚丽多姿。锦绣园，是红土地相对比较集中、面积较宽阔、视觉较开阔的一大片梯田。一垄垄、一行行的梯田层层叠叠，顺着山丘的走势，"画"下弯弯曲曲形态各异的曲线，美不胜收。

地名撷秀

·"官、营、旗、卫、所"·

地名中称"官"的（今带上"营"字），如官渡区的张官营，历史上这些地方的军事首领大多是千户、百户；地名中称"旗"的（今带上"营"字），如盘龙区的宋旗营，历史上这些地方的军事首领大多是总旗、小旗。"官、旗"的军职是世袭的，所以地名前面还常常冠以该军事首领的姓氏。

云南是我国历史上最早推行屯田制的地区之一。屯田是解决驻军粮食供应问题的重要举措。汉代兴起，元代盛行，到了明代规模更大。明王朝在云南实行卫所制度，设置20卫、3御、18所，共133个千户所。卫所的布局采取线面结构形式。在面上，卫和所大都设在城镇，如云南府的前卫、广南卫、宜良所、安宁所等，其他州县的城里亦派有卫兵分驻。在线上，交通沿线和山林险要之地也都设驿递、铺舍，分兵驻守，呈星罗棋布状。这就使得"诸卫错布于州县，千屯遍列于原野"。云南各地驻军，基本上都实行了屯田——军屯，这些军屯都有固定的戍所，军籍世代相传，官兵都有家室。设屯之处，有的是荒郊野地，于是带着军事色彩的地名应运而生。有的原来有村寨，但村寨旧名被新地名所取代。

还有一些以"关、哨、汛、塘"为通名的地名也与军队驻防有关。清代实行绿营兵制，所有的镇、协、营都在一个固定地区分防地，这个地区称为汛地，委派千总、把总领兵驻守。所设关、哨、汛、塘大都在山区和边区。当时的昆明县设有4关、12哨、2汛、24塘，后来大多数成了村寨，其名称也成为村寨名称，带着军事色彩。现在依然保留其名的如碧鸡关、小哨、板桥（汛）、牛街庄（塘）等。要说明的是，这里所说的"塘"与"水塘"的"塘"不同。上述地名表明，这些地方显然有军队驻防或实行过军屯制度，戍屯之处大都成为村寨。此外，有的村寨名、街巷名也呈现出移民的痕迹。村寨名中，如禄劝县的"川号子村"，该村村民系民国时期由四川迁居而来，故有此名，1950年改名为"兴发村"，寓兴旺发达之意。街巷名中，如昆明市区的浙江巷，位于华山南路，清末巷内有浙江会馆，为旅昆的浙江人居住之所。又如大富春街、小富春街，明末清初有许多江南移民在该处建盖房屋，形成的街道，以其家乡的富春江来命名，以表达怀念之情。如果从上述这些地名，尤其是从其中的小地名着手，就可以探寻到历代移民的痕迹。（以上引自张映庚《昆明地名的文化蕴藉》，云南民族学院学报（哲学社会科学版），1997年第4期）

节俗撷秀

昆明是一个多民族汇集的城市，有10个世居民族，54个民族成份，形成聚居村或混居村街的有汉、彝、回、白、苗、哈尼、壮、傣、傈僳等民族。在长期的生产生活中，各民族既相互影响，融会贯通，又保持着各自的民族传统，延续着许多独特的生活方式、民俗习惯和文化艺术。

一、传统节日

·春节·

铺松毛是昆明特有的年俗，据说源于彝族兄弟对松树的崇拜。按照昆明习俗，从大年三十开始，家里不能扫地或倒垃圾，因为怕把"运气"扫走了，所以铺上松毛还有"藏住财运"的作用。此外，长菜也是老昆明年夜饭中最重要的角色。长菜是指不能用刀切碎、要一根根完整煮的蒜苗、青菜等蔬菜，寓意常吃常有、长长久久。在春节和元宵节，昆明及其周边地区会举办花灯、板凳舞等表演，张灯结彩，热闹非凡。

·清明节·

对于老昆明人而言，清明是一个欢乐的日子，大家挑着炊锅到坟头，祭奠完先人之后，把炊锅烧起来，杀鸡煮肉，一家人坐在坟前，喝酒吃肉说笑。让已故的先人看到子孙这么欢乐，自己也会快乐。这种与其他省缅怀先人时肃穆、悲伤完全不同的氛围，是昆明所特有的。

·端午节·

端午节这天，昆明人会在家里地上铺满松毛，在家门口挂上艾叶与蒿枝，希望毒虫与晦气不会进到家里。在端午节的饮食习惯上，老昆明家庭会包粽子、煮芽豆和鸡鸭蛋、煮大蒜，老昆明人认为在端午节吃煮的大蒜，可以给身体消毒。为了祈盼没嫁人的女子可以找到好婆家，嫁了人的女子家庭和睦，妇女们还会在端午这天的晚上持香艾、拜月亮。

· 花山节 ·

从前，花山节是昆明苗族青年寻偶表爱的绝好机会。男女青年通过在一起对歌、跳舞，得以相见相识。现在的花山节节庆活动中，苗族青年男女身着艳丽服饰，撑着五彩缤纷的花伞对唱山歌的表演，让市民、游客们印象深刻。此外，花山节节庆期间，还会举行物资交流活动。整个花山节的活动洋溢着各民族团结祥和、人民欢乐、购销两旺的景象。

· 三月三 ·

三月三是昆明人春游、赏花、踏青的节日。俗话说"三月三，耍西山"，每年农历三月三这一天，昆明及其周边地区各族群众都会身着盛装，成群结队奔向西山，唱山歌、对调子、跳花灯、跳民族舞，人们或参与或欣赏，都融入了春游的活动中。

· 路南火把节 ·

火把节作为西南山区彝族传统节日，从其名称中即能了解该节日源于祖先对火的崇拜。火把节期间，石林县组织送火取火仪式、传统摔跤比赛、云南省"非遗"联展、石林彝族原生态歌舞表演、撒尼火把节祈福仪式等活动。此外，石林县各乡镇街道、各景区还会举办主题晚会、女子摔跤比赛、篮球比赛、民族特色文艺展演等活动。近年来，路南火把节已发展成由政府组织的既有传统娱乐节目又有经济交流内容的大型文化商贸活动。

· 虫王节 ·

虫王节俗称"祭虫山"，在祭虫山森林公园举行。虫王节最初是当地人的一项农业祭祀活动，先民们为了生存、生产、生活，积极与虫灾进行抗争，通过各种祭祀活动，祭拜虫王，寄希望于神灵能掌管好各类害虫。节日期间，各族人民参会，祈求虫王免去虫灾。昆明城郊成千上万的各族群众自发涌到祭虫山载歌载舞，以歌传情。汉族群众一般会以花灯歌舞加入盛会，对山歌、唱小调；当地人则把自己手工绣制的鸡冠帽、勾勾鞋、围腰等民族传统服饰拿出来交易。

二、民俗游览地推荐

·云南民族村·

云南民族村位于云南省昆明市西南郊的滇池之畔，自1992年2月建成开放以来，以生动鲜活的形态，展示了云南各民族的建筑艺术、歌舞服饰、文化风情、宗教信仰和生活习俗等。展示的国家级民俗类非物质文化遗产节庆活动如火把节、泼水节、目瑙纵歌节等十余项；木鼓舞、锅庄舞、傈僳族民歌、彝族海菜腔等国家级、省级、民间音乐及歌舞类非物质文化遗产三十余项；户撒刀制作技艺、剑川木雕技艺、彝族刺绣技艺等国家级、省级、市级传统手工技艺类非物质文化遗产十余项。

·金马碧鸡坊·

金马坊与碧鸡坊作为昆明最具有民俗特色的两个牌坊，与三市街的忠爱坊合称为"品字三坊"，显示了昆明古老的文明。金马碧鸡坊始建于明朝宣德年间，至今已有近四百年的历史。经过多年的重建已成为昆明最繁华的商业街区。金马碧鸡坊的两个牌坊朝南北方向，东西相对，位于昆明城的中轴线两侧。相传每隔六十年，太阳西沉，明月东升，日月光照射两坊形成的倒影在两坊间相接，形成了元代昆明八景之一——"金碧交辉"的奇观。金马碧鸡坊上，被神化的云南土著马和蓝孔雀、绿孔雀是土著先民的图腾，也是吉祥如意的象征。

办学撷秀

为磨炼学生意志，深化爱国主义教育，厚植家国情怀，红色旅游景区的研学势在必行。一个个文物遗迹、一幅幅照片、一段段文字说明，展示的是那一段峥嵘岁月，更是革命先辈不畏艰苦、不怕牺牲、视国家利益高于一切的精神品质。该部分内容选取昆明市区内具有代表性的两个区域进行研学探讨，以期提高学生的情感意识、思辨能力和综合素质，弘扬爱国主义精神，传承优秀的红色文化。

一、"中国革命的熔炉"——云南陆军讲武堂

·百年军校·

云南陆军讲武堂是对中国近代史产生过重要影响的早期著名军事院校。在清朝末年，云南陆军讲武堂与天津北洋讲武堂、东北奉天讲武堂并称为三大讲武堂；民国时期又与保定陆军军官学校，中央陆军军官学校（黄埔军校）齐名，并称三大军校。

云南陆军讲武堂旧址位于昆明市中心承华圃，东邻翠湖西路，与翠湖公园隔路相望，西接钱局街，北邻仓园巷，南与云南省科技馆毗邻，1907年开始建设，1909年建成开学，原占地约70000平方米。主要建筑有：主体建筑四合院、内外练兵操场、兵器库、礼堂、盥洗房、照壁、小花园、马厩等。主体建筑面积7600平方米，为土、木、石结构中西合璧的走马转角楼，楼内走马转角楼通廊将东、南、西、北四楼连为一体，全长480米，堪称中国最长的楼中通廊。其规模之宏大、建筑之雄伟，居当时全国各地讲武堂之首。

云南陆军讲武堂从1909年开办到1935年停办，在26年办学历程中，共培养学员近万名。1935年至1945年用名"中央陆军军官学校（黄埔军校）第五分校"。1950年设为中国人民解放军军政大学西南军区军政大学云南分校，1953年改为中国人民解放军第三步兵学校，1958年迁出。1988年国务院公布

云南陆军讲武堂旧址为全国重点文物保护单位，1990年成立云南陆军讲武堂文物保护管理所，2009年设立云南陆军讲武堂历史博物馆。

云南陆军讲武堂历史博物馆 　　　　　云南陆军讲武堂旧址

· 将帅摇篮 ·

从讲武堂走出来的师生多为崇尚革命的爱国青年，许多人成为日后滇军抗战的中坚力量。在中国历史的进程中，不少为中华民族的独立、自由和解放作出过重大贡献的将领都出自这所军事学校。其中就有为新中国的创建和发展立下不朽功勋的开国元勋朱德、叶剑英；有为反对袁世凯倒行逆施、复辟帝制而发起"护国战争"的蔡锷将军、唐继尧将军、李烈钧将军；有抗战期间在白山黑水坚持抗战的抗联名将周保中将军，组织云南子弟40余万人出滇抗战的龙云，率部浴血于台儿庄并促成云南和平解放的卢汉将军，还有为争取长春和平解放率部起义的曾泽生军长，等等。

· "练铁肩、担重担"——讲武堂的现实意义 ·

云南陆军讲武堂作为全国爱国主义教育示范基地、国家国防教育示范基地、国家级红色旅游经典景区，在对外宣传教育工作及对未成年人教育工作中，立足百年军校阵地，加强博物馆品牌建设，拓展社会教育功能，紧扣"为一座博物馆奔赴一座城"品牌建设目标，从未成年人接受知识的特点出发，细化讲解内容和方式，丰富社教活动内容和形式。

附录

二、"大师云集，名家荟萃"之西南联大

·抗战烽火中诞生的"教育奇迹"·

在1935年，北京的局势日益危急，为了防止突发的不利情况，清华大学秘密预备将学校转移至长沙。

1937年7月7日，卢沟桥事变后，南京国民政府在庐山召开了一系列会议讨论战局问题。北京大学、清华大学和南开大学三校校长，在此次会议后并未立即返回京津，而暂时留在南京和上海。7月29日、30日，南开大学遭到日机轰炸，大部分校舍被焚毁。8月28日，国民政府教育部分别致函南开大学校长张伯苓、清华大学校长梅贻琦和北京大学校长蒋梦麟，指定三人分任长沙临时大学筹备委员会委员，三校在长沙合并组成长沙临时大学。

1937年11月1日，国立长沙临时大学（简称"长沙临大"）正式上课。这一天，后来定为国立西南联合大学（简称"西南联大"）的校庆日，临时大学综合了清华、北大、南开原有的院系设置，设17个学系。

1938年2月中旬，长沙临大开始迁徙昆明。

1938年4月2日，教育部发电命令国立长沙临时大学改称为国立西南联合大学，设文、理、工、法商、师范5个院26个系，2个专修科、1个选修班。校本部所在地现为云南师范大学。

1938年5月4日，国立西南联合大学正式开课。

1946年5月4日，国立西南联合大学举行结业典礼，7月31日宣布结束，北京大学、清华大学、南开大学迁回原址，师范学院留昆独立设置，改称国立昆明师范学院。

·艰难困境中走出的"联大巨匠"·

国立西南联合大学在昆8年，大师云集，名家荟萃，在极度简陋和艰苦的环境中，培养了9位党和国家领导人以及大批蜚声中外的杰出人才。

国立西南联合大学校友（含附中附小校友）中共有174人当选为"两院"院士（其中，中国科学院163人，中国工程院13人，朱光亚、郑哲敏为双院士，徐匡迪曾任中国工程院院长）。

知名校友：杨振宁、李政道、朱光亚、邓稼先、陈寅恪、陈省身、华罗

庚、吴大猷、冯友兰、胡适、傅斯年、梁思成、钱端升、肖公权、陈达等。

·"刚毅坚卓"精神传承的"联大旧址"·

西南联大旧址是记载全面抗战时期，为保存中华民族文化教育命脉而辗转到昆明办学的西南联大的重要历史遗存，是全国重点文物保护单位，其日常的管理机构是西南联大博物馆。

国立西南联合大学旧址

西南联大旧址位于昆明市五华区一二一大街298号云南师范大学一二一西南联大校区内，占地面积七十余亩，是西南联大在昆明办学八年的校本部所在地。遗址内的西南联大历史遗存主要有：国立西南联合大学纪念碑，国立西南联合大学原教室，"一二·一"运动四烈士墓，镌刻有闻一多撰写的《一二·一运动始末记》的石雕火炬纪念柱，李公朴、闻一多先生衣冠冢，"梅园"，"三校亭"，"民主草坪"，国立昆明师范学院纪念标柱等14处。

1963年，西南联大旧址设专人管理。

1985年，在西南联大旧址内建成"一二·一"运动纪念馆，并设立"一二·一"运动纪念馆管理机构。

2004年，建成西南联大纪念馆。

2008年，建成"一二·一"运动纪念广场，并对周边环境进行整体提升改造。

2018年，旧址内恢复重建西南联大图书馆并全面实施陈列布展，建成西南联大博物馆并正式对外开放。现旧址内馆舍面积共计5732平方米，展厅面积3722平方米，内设西南联大博物馆、"一二·一"运动纪念馆2个展馆及3个活动展厅，常设3个基本展览：西南联大历史展、"一二·一"运动历史展、李公朴和闻一多先生生平事迹展，是全国有关西南联大及"一二·一"运动历史展示图片资料最多、最集中的展馆。

西南联大旧址及其博物馆记述了联大师生的艰难与困苦、成就与

"一二·一"运动纪念馆革命烈士纪念碑

辉煌，体现着联大人在特定的历史条件下，为挽救民族危亡的坚定担当和心怀民族复兴的强烈使命。她所承载的联大精神，是以爱国主义为核心的民族精神的典型。在新的历史时期，西南联大旧址因西南联大独特的历史地位和特殊的价值意义，必将成为经典的历史文化遗产而不断地得到传承和弘扬！

产业撷秀

从农田到菜地,从菜地到花田,从花街到花市;从"靠天吃饭"到现代化智慧农业设施;从进口买种子到自主研发新品种……自1983年呈贡斗南村民种下第一株剑兰开始,昆明斗南历经几十年的积淀和发展,现已形成以亚洲第一、世界第二的斗南花卉市场和昆明国际花卉拍卖交易中心两家龙头企业为核心的花卉产业集群,创造了一个"斗南奇迹"。

一、农业:从传统生产到特色发展

· 从鱼米之乡到花卉王国 ·

20世纪80年代初,我国农村迎来了以联产承包责任制为主体的重大改革,全国农民有了生产和交易农产品的自主权。改革的春风吹到了昆明滇池东岸,1983年,时任呈贡农业局良种场场长的化忠义从广东引进了剑兰种苗,在自家自留地上试种成功,然后骑两个多小时自行车到昆明的尚义街、国防路摆摊卖花,获得了不错的经济收益。众多农户纷纷效仿种植,从此开启了昆明鲜切花商品化种植和交易的道路。

20世纪90年代末,几个青年农民引进了康乃馨、勿忘我、满天星、香雪兰等鲜花品种进行种植。斗南从此一步步变成了一个鲜花盛开的村庄,95%的农户都把自家的菜地改为花田,昆明尚义街多数花店里的鲜花几乎都是来自斗南。

斗南鲜花名气渐渐传开,在斗南村的主路上,成捆、成筐的鲜花摆在街边售卖,花农、商贩将这条街挤得水泄不通,50米长的"斗南花街"由此形成。昆明菜市场"鲜花挑着卖"和外地游客旅游离昆时"搭机都把鲜花带"已成为"新云南十八怪"。

随着斗南花市交易日益火爆,村委会把斗南村原有的蔬菜农贸批发市场改造扩建成了一个占地约12亩的花市。这是斗南的第一个花卉交易市场,也是当时中国第一个村级花卉市场。人们生活水平的日益提高,促进了花卉产业的蓬勃发展，呈贡的花卉种植面积也不断扩大。到1998年，呈贡花卉种植面积达7800亩，日上市鲜切花120万枝至150万枝，日交易额70万元至120万元，日参与交易人数达2000多人次，12亩的市场已经不足以承载交易。1999年，占地56亩的全国第一个专业花卉交易市场建成，这是花卉专业交易市场从无到有的第一次飞跃。

截至2024年，云南花卉种植面积达95万亩，鲜切花种植面积35万亩，产量约206亿支，与2023年相比，增幅约为8.6%。

·从以路为市到云端拍卖·

1999年，斗南逐渐形成了一个以花卉为核心的产业聚集区，传统的批发交易市场已不能满足日趋多元的交易需求。2002年12月20日，中国第一个以拍卖为主的昆明国际花卉拍卖交易中心落成，随着拍卖第一锤的落下，斗南花卉交易进入了公开透明竞价的时代。

昆明国际花卉拍卖交易中心

昆明国际花卉拍卖交易中心拍卖大厅

交易是斗南花卉产业的核心，而创新是其常开不败的秘诀。长久以来，传统渠道的批发一直是云花的主要交易模式。2015年，随着网络直播遍地开花，拉近了云花和消费者的距离，每天近5000名主播通过直播将斗南鲜花直接展示给客户，国内外的客商也通过电商平台直接买到云南的一手鲜切花。

2022年，斗南花卉产业园区花卉交易量、交易额再创历史新高，交易量达110.36亿枝，交易额121.47亿元，连续两年突破"双百亿"。2024年，交易量达141.76亿枝，交易额约115.74亿元，交易量保持5%的增长，连续25年蝉联全国第一。

·敢问路在何方·

斗南花卉产业未来之路该如何走？花卉从业者一直在探索攻坚这个课题。

好花需要好种子，谁拥有种质资源，谁就能掌握未来。为进一步提升自主研发创新能力，2019年，呈贡区与云南省农业科学院合作，建设国家观赏园艺工程技术研究中心共享实验室、观赏园艺国家专业化众创空间、国际花卉技术创新中心绿色高效种植基地项目。目前已吸引数十家盆花、鲜切花、食用花卉、精深加工花卉企业和创业团队入驻，助力云花双创升级、实现千亿级目标。项目建设的目标就是助力斗南乃至云南花卉产业蓬勃发展，将斗南花卉小镇打造成千亿产业，全面提升"春城花都展示区"和"斗南花卉小镇"品质内涵和国际竞争力，全力推进云南花卉产业向标准化、专业化、智慧化的花卉全产业链迈进，全面打造了一个"花卉+农业创意+文化创意+旅游创意"融合发展的国际花卉产业园区。

鲜花品质50%取决于花田种植、50%取决于采后管理。其中，采摘预冷、加工包装、运输是采后管理的三个重要环节。冷链物流在采后管理环节中发挥着至关重要的作用，是确保鲜花在采摘后保持最佳新鲜度和质量的关键。冷链物流体系贯穿鲜花从产地到消费市场的各环节，是云花销往世界的重要一环。

截至2022年，云南全省已建冷库6500余座，库容620余立方米，营运冷链运输车1620辆。鲜花通过冷链陆运，不仅运费、物流损耗较空运大幅度降低，而且其物流覆盖半径、范围也较有优势，冷链物流的进步为云花在世界绽放提供了重要保障。

二、工业：始于纷乱，面向未来

·昆明茨坝产业之变革·

在盘龙区茨坝街道办事处附近，两间被栅栏围起来的黄色门楼显得格外醒目，立牌指明这是盘龙区文物保护单位。它们是原中央机器厂进厂正门处两边的小房子，相当于现在的门卫室。看到它们，思绪被带到20世纪六七十年代蓬勃兴旺的工业年代，矗立的烟囱、高大的锅炉、静默的行吊，历史在这里定格，它记录了产业工人的人生，见证了时代的进程，与昆明这座城市血脉相连。一楼一宇，一庭一院，工业遗址是茨坝人的共同记忆和精神家园，联结着这片土地的过去与未来。

修葺后的门楼	修葺前的门楼

·中央机器厂落地茨坝·

1931年，"九一八"事变爆发，国民政府为加强重工业实力，经过详尽调研，制定了发展重工三年计划。其中之一是由资源委员会和航空委员会合作，建立能够制造航空发动机、动力机械和工具机具的机器厂，取名"中央机器厂"，厂址选在湖南省湘潭。抗战全面爆发后，日军侵我内地，资源委员会决定停止建厂，将五千余吨机器拆卸，经广州、九龙、香港转越南海防，再由滇越铁路运达昆明，最后选定城北的茨坝山坡作为厂址。此地三面环山，较为隐蔽，便于防空。1938年5月，工厂在茨坝一片凸凹不平的山坡上破土动工。

中央机器厂是抗战时期国民政府投资的第一个"规模设备首屈一指"的国营大型机器制造厂。中央机器厂的任务在当时看来极为高端——生产飞机发动机。后因所采购设备在运输中遭日军抢夺而被迫中止任务，改为生产动力机械、工具机械、纺织机械、农业机械、化工机械和特种机械（军工产品）6大类54种。先后创下我国机械工业史上的不少第一：第一台2000千瓦发电机、第一台500马力发动机、第一台30吨至40吨锅炉、第一家制造精密块规、第一次汽车装制等。

抗战胜利后，一些企业迁回沿海，在云南的不少工厂被撤编，大量员工被资遣，战时的繁荣不再延续。尽管如此，企业内迁还是为云南带来了较先进的工业设施和技术，也培养了大批技术工人和专业技术、管理人才。同时，让云南的近代工业实现了跳跃式发展，在短短几年内取得了长足进步，并奠定了云南工业的基础。

1950年，中央机器厂更名为云南机器厂。1953年更名为昆明机床厂，被打造成为专门生产高精度坐标镗床、卧式铣床、精密测量设备和检测元件的国家重点骨干企业和出口基地企业，我国人造卫星上天、洲际导弹发射、核潜艇入海，都凝聚着昆明机床厂科研技术的结晶，它被誉为中国精密机床工业的"一颗明珠"。

·打造茨坝生物科技小镇·

茨坝聚集了中国科学院昆明分院、中国科学院昆明植物研究所、中国科学院昆明动物研究所、云南林业和草原科学院、云南省农业科学院等国家、省、市级生物科研机构两百多个，其中，生物科技、高原特色农业科研院校、人才和技术成果占全省的80%，生物医药大健康及高原特色农业领域的专利成果占昆明市的40%以上。

昆明盘龙区以茨坝片区为重点，实施科技服务业发展，充分发挥茨坝片区的生物科研、人才、技术成果等资源优势，加快老旧工业区"腾笼换鸟"，推动生物科技、高原特色农业、文化创意、健康养老、科普旅游、生态休闲等产业融合发展，全力推进茨坝生物科技小镇规划建设工作。

建设至今，茨坝生物科技小镇核心项目——云南生物科技创新中心已成功投入使用，还签约了华大基因昆明研究院、农科中心、高原特色产业大数据中心、异种器官移植"梦想猪工厂"、西南实验动物研究中心等生物科技项目。

百年前的工业革命，创造了人类前所未有的文明，许多当时兴建的工业厂房，现今已经成为工业遗址，如马街的昆明电缆厂，是中华民族工业中第

一家电线电缆生产企业,是中国第一根导线的诞生地,在行业内素有"中国电线电缆工业的摇篮"之美誉,目前已更名昆明电缆集团股份有限公司且搬离马街,寻求自己的腾飞之路。它也和茨坝的中央机器厂一起见证了昆明产业的变迁。

茨坝生物科技小镇效果图

革命撷秀

跨光华街的云瑞公园和云瑞东、西路两侧的环形建筑平面组合形成金樽造型，园中绿树成荫，犹如樽中佳酿，以此来纪念和庆祝云南军民自重九起义以来至抗战胜利曙光初现30多年间卓绝革命的光荣岁月。抗战胜利纪念堂建在原云贵总督府的旧址上，1944年动工兴建，最初名为"志公堂"，随后改为"中山纪念堂"。1946年落成时改为"抗战胜利纪念堂"。1950年经云南省第一届第一次各界人民代表会议决定，改为"人民胜利堂"，人民群众简称为"胜利堂"。2006年，国务院将其公布为第六批全国重点文物保护单位，并批准更名为"抗战胜利纪念堂"。2018年入选第三批中国"20世纪建筑遗产项目"名录。2019年3月被云南省人民政府批准为"抗战胜利纪念堂博物馆"。该博物馆占地面积约30亩，由抗战胜利纪念堂主体建筑、人民英雄纪念碑，以及《云南人民革命斗争史》展厅三部分组成。

云南抗战胜利纪念堂博物馆

云南人民英雄纪念碑

　　园内正中矗立着云南人民英雄纪念碑，四方碑体正面镌刻着"人民英雄永垂不朽"；底座四个方向的浮雕，分别反映了"讨袁护国""团结抗战""民主运动""胜利会师"等各个历史时期的重要场面，勾勒出云南近代波澜壮阔的革命历史画卷。

·重九起义——云南民主革命的开篇·

　　清朝末年，政府羸弱，各方列强虎视眈眈，政府虽有改革之意图，但不得支持，反处处受制于人。彼时，云南地处英法两大殖民地缅甸、越南之间，成为英法争夺的主要焦点。有志青年为挽救云南，渡海求学，其中留学日本的最多，受孙中山的革命思想影响较大。在进步思想的影响感召下，他们于1906年创办了《云南》杂志，以宣传民主主义、反对英法等国的侵略为宗旨，广泛阐述资产阶级革命派的主张。

　　孙中山很重视云南地区的革命活动，他曾经说："沿海岸各省区决不能作根据地，否则打起仗来成为背水之战。又中原地带四面受敌，只有云南形势地处边远，高山峻岭，天然屏障。且与安南（越南）、暹罗（泰国）、缅甸接壤，与国际交通并无阻碍。"于是，同盟会先后在云南河口和云南永昌（今保山）发动了反清武装起义。

　　经两次起义锻炼的云南革命党人，加强了在云南新军中的革命活动，云南陆军讲武堂几乎从重建之时起，大权就事实上掌握在革命党人手中，重要职务，除了挂名的督办（云贵总督自兼），以及高尔登曾短期担任总办（校长）外，几乎全为同盟会员所担任。讲武堂内还秘密地进行了同盟会员的发展，朱德就是其中一员。由于这些特点，云南陆军讲武堂成了与清朝统治者愿望相反的、培养大批民主革命战士的新式军事学校，革命的书刊也在云南陆军讲武堂中广泛而秘密地流行，革命的种子已经在云南新军中传播，革命的火焰即将熊熊燃烧。

1911年10月10日，辛亥武昌起义爆发，风声所播，全国震动。云南同盟会员和革命人士兴奋异常，准备积极响应。以蔡锷、唐继尧为首的革命党人，经多次商议，决定于10月30日深夜发动云南起义。当日傍晚，昆明北校场七十三标李鸿翔所部排长黄毓英、文鸿揆派兵抬子弹做起义准备时，碰见了值日队官、北洋派的唐元良。唐进行追究，甚至鞭打士兵，情绪激昂的士兵立即提前行动，打响了昆明起义的第一枪。随后，北校场起义部队由莲花池经北门街向五华山及军械局进攻，以夺取弹药。在巫家坝准备起义的蔡锷、唐继尧"忽见城内起火，继闻枪声大作"，又收到十九镇军来电"七十三标兵变，七十四标戒严，待命"，于是知道北校场起义军提前行动。蔡锷下令整队，出发攻城，起义军经状元楼、拓东路到云贵总督府（现抗战胜利纪念堂博物馆），发动了强大的攻势。顾品珍、沈汪度率云南陆军讲武堂师生做内应，引起义军入城。11月2日，全城肃清，建立了"大中华国云南军都督府"，公推蔡锷为云南军都督。由于起义发动的时间是农历的九月初九，史称"重九起义"。

云南抗战胜利纪念堂博物馆大门

光华街街景 　　　　　　　　　　老"福林堂"街景

烽烟消散，炊烟袅袅，抗战胜利纪念堂博物馆前南面光华街上有昆明人牵挂的大救驾炒饵块、福华园过桥米线以及福林堂老药房，市井里芸芸众生的往来聚散，正是它们守护的最艳丽花纹。

· 护国运动——那桥，那路，那门 ·

辛亥革命是在中国资本主义发展很不充分、中国资产阶级在政治上和经济上不够强大的情况下发生的，领导革命的中国资产阶级还没有足够的力量去摧毁帝国主义和封建主义在中国的统治基础，因此辛亥革命后，中国的半殖民地地位和半封建社会性质没有得到根本性的改变。当南京临时政府成立，清朝政府面临覆灭之际，曾任清政府直隶总督兼北洋大臣的袁世凯，趁机利用北洋武装集团和帝国主义各国出于侵略目的共同支持，于民国五年（1916年）改洪宪元年，准备正式称帝。

袁世凯自封帝制，自然为全国各阶层爱国人士所反对。其中云南军民觉醒较早，在酝酿反袁的活动中走在了前列。蔡锷与梁启超等进步人士密商，决定分别用文武两种手段反对袁氏帝制。一边以云南、贵州为讨袁基地，向云南唐继尧、贵州刘示显等人发出密电，促其准备护国。一边以开国武将唐继尧和云南巡按使任可澄的名义向袁世凯发出漾电，要求袁氏取消帝制，再次发誓拥护共和。袁世凯对云南的急电警告不做正面答复。唐继尧、蔡锷、李烈钧等人发出通电，宣布云南独立，反对帝制，出兵讨袁，正式揭开了云南护国起义的序幕，标志着护国战争的爆发。

袁世凯以为倚仗庞大的北洋军足以武力镇压反袁势力，决定全力镇压

云南起义，组织三路大军，发动了征滇的全面战争。出乎袁世凯意料的是，反袁战争一开始，护国军在四川战场上捷报频传，北洋军连吃败仗；又传说日本政府准备承认护国讨袁各省为"交战团"，他失去了赖以称帝的武力支柱，处于众叛亲离、四面楚歌之中，走投无路之下，被迫宣布"撤销承认帝制"案，"洪宪"帝制彻底崩溃。袁氏梦碎，搅碎袁氏黄粱美梦的，是以云南起义为开端的护国战争与护国运动。

护国门

　　同时期，由于滇越铁路的建成，昆明城内商贾云集，人口数量大大增加，进出货物量也有所增加，原有城市和道路规模已不堪重负。1919年，在老城东南开辟小南门，以石柱雕花为框，朱漆铁栏为门，四柱三开。在新城门前护城河上兴建圆弧双孔石桥，桥面以大青石铺砌，长23米，宽17.5米，拱高4米，打通城内城外的交通联系。为纪念护国军首举义旗，大获全胜，新开辟的小南门被称为护国门，石桥被称为护国桥，新建的桥上直街道路被命名为护国路，作为昆明纪念护国战争的标志。

　　如果说辛亥革命推翻了统治中国长达2000多年的封建帝制，那么护国运动就是以辛亥革命为起点的中国资产阶级民主革命的继续和发展。

·五四运动在云南——点燃了民主的火焰·

　　云南新文化运动的先声，可以以《尚志》杂志（2卷3号）全文转载李大钊的《鲍尔什维主义之胜利》为标志，五四运动后，促进了新文化运动的展开和新的发展。云南的进步刊物不断涌现，新的书刊大量涌入，这些书刊，成了"吸收新文化的导管"：在伦理道德方面鼓吹女子解放、男女平等；在宣传民主思想方面，介绍苏联、匈牙利劳农政府和各国工人运动的情况；在文学革命方面，要求文学不仅在形式上，而且要从内容上来进行一次革命。昆明新文化运动，既是一次资产阶级新文化反对封建主义旧文化的运动，也是一次传播马克思主义的思想运动。

青年学生的活跃和参与，使新文化运动在昆明传播得很快，他们行动力强、精力旺盛、思维活跃、勇于实践、触感敏锐，对新事物的接受和转化完成得很迅速。1919年5月，以转载内地报纸消息为主的《滇声报》报道了北京学生发动五四运动的消息，又转载了北京国民大会致各省各界电和《北京学生宣言书》。省立第一中学学生立即走向街头，宣传、演讲和散发传单，揭露军阀政府的卖国罪行，号召人们声援北京学生的爱国运动，同时将平时所用的日本制日用品，全部掷于天井，表明不再使用日货的决心。在群众性的抵制日货运动中，日货的销路受到沉重打击，1920年外货进口骤然大减——日本洋纱进口数仅为上一年度上半年进口数的十分之一。

经历五四运动和新文化运动荡涤之后的云南青年，为追求真理，掀起了外出求学的热潮。他们先后在云南和内地组织了以憧憬世界大同为目标的秘密团体大同学会，以研究社会主义学说、改造社会为其宗旨，这是云南出现的第一个社会主义研究小组；旅京后在北京组织了云南革新社，出版《革新》周刊作反帝反封建的宣传，出版《铁花》宣传革命理论。其中一些团体，后来发展为中国共产党的外围组织，一些成员加入了中国共产党。

1926年11月7日，云岭大地第一个中国共产党组织在昆明平政街节孝巷24号一所民居小院里成立了。云南地下党从成立到被破坏的四年时间里，经历了北伐革命战争和土地革命战争初期，积极传播马列主义，积极进行中国共产党组织建设，宣传反帝反封建、支持倒唐（继尧）、支持北伐战争，发动工农运动，通过共青团、妇女协会、学生会等群众组织，开展改造社会、打倒土豪劣绅及反对外国侵略的活动。

中共云南地下党旧址民居

宏图撷秀

六百多年前,在云岭高原的滇池之滨,曾经耸立着一座雄伟壮丽的古代砖城。随着时间的推移、时代的变迁,一座磅礴大气的昆明新城正在老城的基础上不断崛起,向着现代化的大都市迈进。如今昆明市民的社交、娱乐、购物等物质和精神消费圈,不再局限于以"昆百大"为圆心、半径10余公里的范围。然而,无论怎样变化,昆明中心城区的核心部分仍然保留了老昆明的格局,城还是那座城,中轴线还是那条中轴线。而生息在这座三面依山、一面临水、风光旖旎、传统深厚的历史文化名城的后人们,仍不能不感喟老祖宗当年为省会昆明选址眼光的睿智和超前。

一、沧海桑田,六城蝶变

·大南门·

大南门,在今正义路与东风西路交接处,城楼名为"向明楼",后更名为"近日楼"。大南门肩挑四街:万钟街、高山铺、南正街和三市街。

大南门往北就是典雅古朴的三牌坊,跨街竖立在光华和威远两条街的街口。由大南门(城)一直到马市口的南正街(后来改名为正义路),是昆明的商业大街,也是最热闹的集市街,被许多商铺所簇拥。大南门(城)往南的三市街、宝善街和广聚街(金碧路中段)等地段,集中了许许多多的坐贾行商,颇具繁荣景象。

·大东门·

大东门为"灵龟"的左前足(原址在今青年路与人民中路交会路口的中央),名"威化门"(清改为"咸和门"),楼名"殷春楼"。

东城,是昆明古城主要的对外交通孔道,是古代"通京大道"的起点。直到20世纪50年代,那条由青石条块铺砌而成,业经人畜践踏上千年后留下的斑痕累累、凹凸不平而又圆润光滑的所谓通京大道遗迹,在大东门外稍远的一些地段，仍然依稀可辨。

作为昆明的主要门户，大东门修筑得更为雄伟壮观，城门和城楼都比南城还要高大宽敞，月城城垣保存较完好，其中并无商铺，还是一派古代城池方阵形的原貌。月城出口处同样建有一座小鼓楼，但很低矮狭小，出入交通特别拥挤。1928年后，当局为改善交通，将小鼓楼拆除。时值龙云上台主滇，蒋介石授龙云为云南省主席，并委以滇黔绥靖公署主任要职。为纪念和庆贺此事，当局便于拆卸之小鼓楼原址处新建了一三股道的镂花铁栅门，称"绥靖门"，并将贯穿大东门内外的主干道东正街改名为"绥靖路"，以示威荣。新中国成立后，因长春观、长春坊、殷春楼皆含长春之意，而改称"长春路"。1998年前后，在贯通人民东路、人民西路的城市道路建设过程中，将长春路和武成路之大部分改造、拓宽、拉直，改名为"人民中路"。

· 小东门 ·

小东门为灵龟的左后足（原址在今青年路北段圆通街口），初名"永清门"，清改为"敷泽门"，城楼名"璧光楼"。

小东门是重要的城乡物资交流和集散地，特别是城外的米厂中心，更是粮食交易的中心。来自滇东、滇西、滇西北的马帮、商队，驮运着大米、杂粮、盐巴、茶叶、木材以及各种山货、土特产，三五成群，络绎不绝，纷纷在此装卸货物，成交买卖，住宿歇息。那狭窄而曲折的街道上，饭肆、茶馆、马店、堆栈、小食摊等比比皆是。古老的街肆、多彩多姿的人流和物流相互交织在一起，绘就出一幅半乡半城、古色古香的街市画面。

· 大西门 ·

大西门为"灵龟"的右后足（原址在今文林街与龙翔街交接处），初名"广威门"，清改为"宝成门"，楼名"拓边楼"。

大西门一带并非等闲之地，云南贡院与之邻近。明、清两代，云南各地学子在开考之年纷纷云集于此，以图一登"龙门"，平步青云，大西门前的文林街因此得名。云南学界的泰斗级人物陈荣昌、袁嘉谷、王九龄、周钟岳等均曾在此安家，一时名满三迤，传为佳话。

就是这样一条文人如林的文林街，文脉的薪火一直在传承。抗日战争时期，北大、清华、南开辗转来到昆明，合并组成西南联大，抒写了中华民族历史上光辉灿烂的一页，功勋永垂，百世流芳。

·小西门·

小西门为"灵龟"的右前足（原址在今东风西路与人民西路交接处），初名"洪润门"，清改为"威远门"，楼名"康阜楼"。

小西门是通往滇西和滇中的重要水陆交通孔道，人员往来十分繁忙，城楼外同样筑有月城和小鼓楼。据说，小西门原来曾是一座水城，滇池水可抵城墙边，出城即通舟楫，但到20世纪30年代初，滇池水已退至新篆塘，已很难看出水城的痕迹。而据一些野史的记述，清初吴三桂爱妾陈圆圆寓居菜海子（今翠湖）别宫，可从当地乘舟出游滇池。如此说，小西门曾是水城即有可能。又从实地考察，翠湖西端的洗马河、蒲草田均曾是历史上的河道沟渠，且后来新篆塘的滇池水距小西门也不过一华里（500米）之遥，滇池水曾通达小西门，也是可能的。20世纪30年代初，地方当局为改善城乡交通，花大力气对小西门做了重点改造，拆卸了小鼓楼和两侧城墙，扩宽了道路，对城楼也作了粉刷修缮，从而疏导了交通，扩大了人流、物流。附近的米市、菜市、薪炭市，汇集了郊区和邻近州县的众多农民前来交易，人群熙熙攘攘，热闹非凡。

小西门是老昆明六座城门中唯一原汁原味得以保留地名使用至今的，这个有趣的现象非常值得人们探讨、深思，得出令人信服的结论。

·北门·

北门为"灵龟"的龟尾（原址在今北门街北端坡头），初名"保顺门"，清改为"拱辰门"，楼名"望京楼"。望京楼又叫"眺京楼"，意为心向京城安守疆土，这是沐英向皇上剖明心迹，以示效忠。

20世纪50年代初，北门城楼还未拆除，城楼上有明末清初书法家阚祯兆先生所书"望京楼"匾额，"望京楼"三个大字飘逸洒脱而有气势，为阚书的代表作。

北门街由南至北约长1千米，路由大小不均的石板条铺成，沿街多为土木、砖混结构的老房，其中也有几幢中西式结合的豪宅。就是这条普通的小街，20世纪曾居住过许多在中国现代史上颇有影响的著名人物，诸如"云南

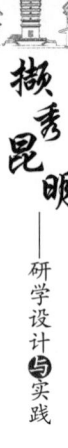

王"唐继尧,他为庆祝自己的生日在北门街原71号建造的戏楼(唐家花园)是当时昆明规模最大、环境最为幽雅的私家花园。

·小南门·

1919年,云南各族人民为了纪念护国讨袁的殊勋,把昆明南城墙靠东一段拆除,建立了一座古朴庄重、肃穆凝然的城门,命名为"护国门",因此门在大南门外,又称"小南门"。

护国门原址在今护国路中口与南屏街、庆云街交汇处。该门为四柱开三铸铁大扇花棂门,宽18米,高5米,表面涂上朱漆,门柱以花岗石为原料,上半部分雕以半圆形窗花图案,十分坚固美观。整座大门,上部设计成栅栏式,下部装饰着铁铸图案,别具一格,匠心独运,显示出较高的工艺水平。

三孔拱形镂花大铁门东西两侧,建立两座对称的重檐门楼,颇具气势。

护国门正中上端由云南著名书法家陈荣昌先生书题"护国门"三个正楷大字,笔力遒劲,气魄雄浑。

1922年,设立昆明市政公所,隶属云南省政府,云南府城从此改称昆明城。1930年,拆除正义路以东、护国路以西一段城墙。利用拆除土石填塞护城河,用城墙的砖块在南边人行道镶砌箱形沟,取名南屏街。1951年,拆除护国门至昆明动物园长约1700米的城墙,利用城砖修建下水道。弃土填原护城河(臭水河),修建成青年路。至20世纪50年代中期,"昆明六城"及城墙全部拆除,昆明古城在某种意义上已不复存在。

二、昆明市版图变化

你知道昆明城是如何一点一点变大的吗?

1276年,元朝正式建立云南行中书省,置昆明县为中庆路治地,昆明命名即始于此。

1913年4月,"废府存县",裁去云南府,保留昆明县。

1922年8月1日,恢复成立市政公所,划定省会区域脱离昆明县,隶属于市,并按历史地理关系命名为昆明市,彼时昆明辖区东西长5.4千米,南北宽6.3千米,面积4.49平方千米。1934年,昆明市政府批准将昆明县附近的市郊村落大小27个村划入市区管辖,市辖区域总面积19.25平方千米。

1949年12月，卢汉率部在昆明起义，昆明和平解放。1950年3月，中国人民解放军进入昆明，接管后划定武定专区管辖，与原来的昆明县市县分制。同年8月，将昆明县由武定专区划归昆明市管辖。10月，云南省人民政府成立，驻昆明市，下设7个区，昆明面积为7.8平方千米，人口175万。1951年将昆明县划归昆明市领导，被玉溪、楚雄、宜良、武定、曲靖5个专区环抱。1953年撤销昆明县，划归昆明市。

1954年1月，玉溪专区昆阳县第三区划归昆明市。

1956年，楚雄专区安宁县划归昆明市，改设安宁区，此时辖区总面积3363平方千米，人口225万。1958年楚雄彝族自治州富民县划归昆明市。1959年10月，撤销安宁区，复设安宁县。

1960年，玉溪专区晋宁县划归昆明市，1962年设立呈贡区，1965年撤销呈贡区，设立呈贡县。此时昆明市总面积6465平方千米，人口264万。

1983年，宜良、嵩明、禄劝、路南4县划入昆明市，昆明市总面积扩大到1.57平方千米，人口388万。

1985年6月，禄劝县改为禄劝彝族苗族自治县。

1995年10月，撤销安宁县，设立县级安宁市。

1998年10月，撤销路南彝族苗族自治县，设立石林彝族自治县。同年12月，撤销地级东川市，设立昆明东川区，曲靖市寻甸回族彝族自治县划归昆明市。昆明市总面积突破至2.1万平方千米，人口467万。

2011年5月，撤销呈贡县，设立呈贡区。2016年11月，撤销晋宁县，设立晋宁区。昆明市总面积2.1万平方千米，人口850万。

三、遇见未来，预见2035

2035年的昆明将是我国面向南亚东南亚的开放前沿和重要门户，将以推动高质量发展为主题。实现国土空间开发保护更高质量、更有效率、更加公平、更可持续的目标。持续擦亮"中国春城、历史文化名城、国际大健康名城"三张世界名片，致力于打造富有活力、开放包容、民族和谐、生态宜居的"美丽中国"典范城市，让无数新老昆明人更有幸福感、获得感。

· 落实国家发展战略，明确城市战略定位 ·

1. 构建对外开放新格局

主动服务和融入国家"一带一路"倡议，更好地融入以国内大循环为主体、国内国际双循环相互促进的新发展格局。

构建"南向、西进、北融、东联"开放新格局，发挥中国（云南）自由贸易试验区昆明片区、磨憨—磨丁经济合作区的作用，推进与南亚东南亚的互联互通及国际经济合作，建设成为辐射南亚东南亚的区域性国际中心城市。

2. 打造内陆开放新高地

昆明是长江经济带的重要支点城市和长江上游生态保护屏障，应重点加强流域环境综合治理，强化沿江生态保护和修复。

积极对接长江经济带、新时代西部大开发、成渝地区双城经济圈、西部陆海新通道等重大国家战略，发挥昆明在东西双向互济开放格局中的战略支点作用，打造内陆开放战略新高地。

· 引领滇中城镇群协调发展 ·

强化昆明对滇中崛起的引领带动作用，围绕滇中城市群"一主四副、通道对接、点轴联动"的空间格局，完善与滇中城市群其他州（市）协同发展机制。

· 明确发展定位与目标 ·

1. 发展定位

中国春城		云南省省会
历史文化名城	区域性国际中心城市	国家战略支点城市
国际大健康名城		美丽中国典范城市

昆明市发展定位图

2. 发展目标

通过"一枢纽、四中心",建设立足西南、面向全国、辐射南亚东南亚区域性国际中心城市。

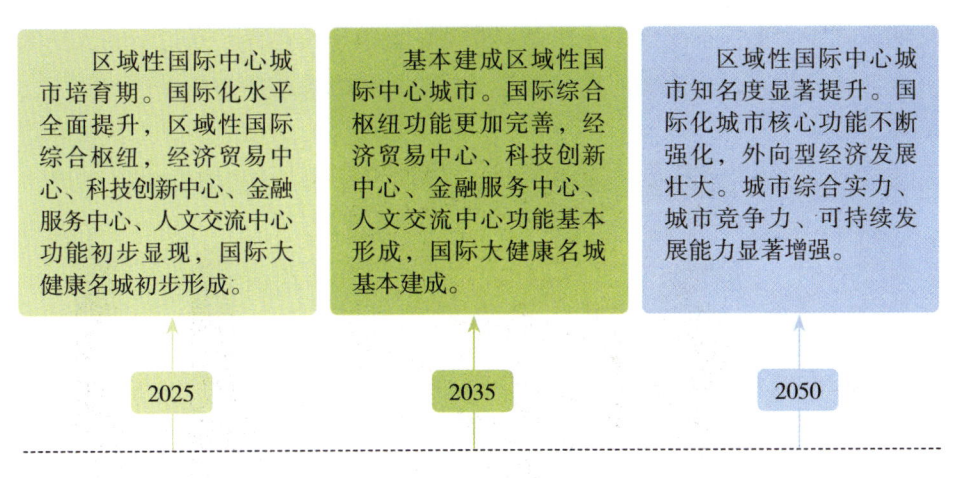

2025
区域性国际中心城市培育期。国际化水平全面提升,区域性国际综合枢纽,经济贸易中心、科技创新中心、金融服务中心、人文交流中心功能初步显现,国际大健康名城初步形成。

2035
基本建成区域性国际中心城市。国际综合枢纽功能更加完善,经济贸易中心、科技创新中心、金融服务中心、人文交流中心功能基本形成,国际大健康名城基本建成。

2050
区域性国际中心城市知名度显著提升。国际化城市核心功能不断强化,外向型经济发展壮大。城市综合实力、城市竞争力、可持续发展能力显著增强。

昆明市发展目标图

·谋定国土空间保护开发战略·

坚持生态优先和绿色发展。实行"生态优先、绿色低碳;区域协同、开放创新;空间统筹、圈层联动;高效集约、品质提升"四大国土空间开发保护战略,优化国土空间开发保护格局,改善城乡人居环境,筑牢生态安全屏障。

滇池生态

·强化资源环境约束，构筑国土空间格局·

1. 统筹划定三条控制线

落实主体功能区和省级国土空间规划要求，优化生态、农业、城镇三类空间，划定生态保护红线、永久基本农田、城镇开发边界。通过市域"三区三线"管控体系，构建美丽国土与理想城市空间格局。

生态保护 　　　　　基本农田 　　　　　城市景观

2. 构建市域保护开发新格局

以生态为底线、以功能为骨架、以交通为脉络、以产业为肌体。聚焦"一枢纽、四中心"核心功能。构筑昆明"一屏两湖四脉、一核两翼四轴"市域国土空间保护开发新格局。一屏：北部生态安全屏障；两湖：滇池、阳宗海高原湖泊；四脉：普渡河生态修复带、小江生态修复带、牛栏江水源涵养带、南盘江水源涵养带。一核：中心城区；两翼：滇中新区空港片区——嵩明、安宁，致力于打造重要经济增长极、改革创新先行区；四轴：以中心城区为中心，对接曲靖、楚雄、玉溪、红河，形成四条区域开放发展走廊。

·织牢生态基础·

1. 构建"一带四区、两湖四脉、多点保育"生态安全格局

一带：长江上游生态示范带。四区：北部生态安全屏障区、中部生态保护和治理示范区、东南岩溶山原生态区、西部水源涵养区。两湖：滇池、阳宗海多点保育。四脉：普渡河生态修复带、小江生态修复带、牛栏江水源涵养带、南盘江水源涵养带。多点：自然保护区与自然公园。

2. 强化高原湖泊保护治理

科学编制滇池、阳宗海流域国土空间保护和科学利用专项规划，划定"两线三区"，科学治湖，促进流域生态环境高水平治理。

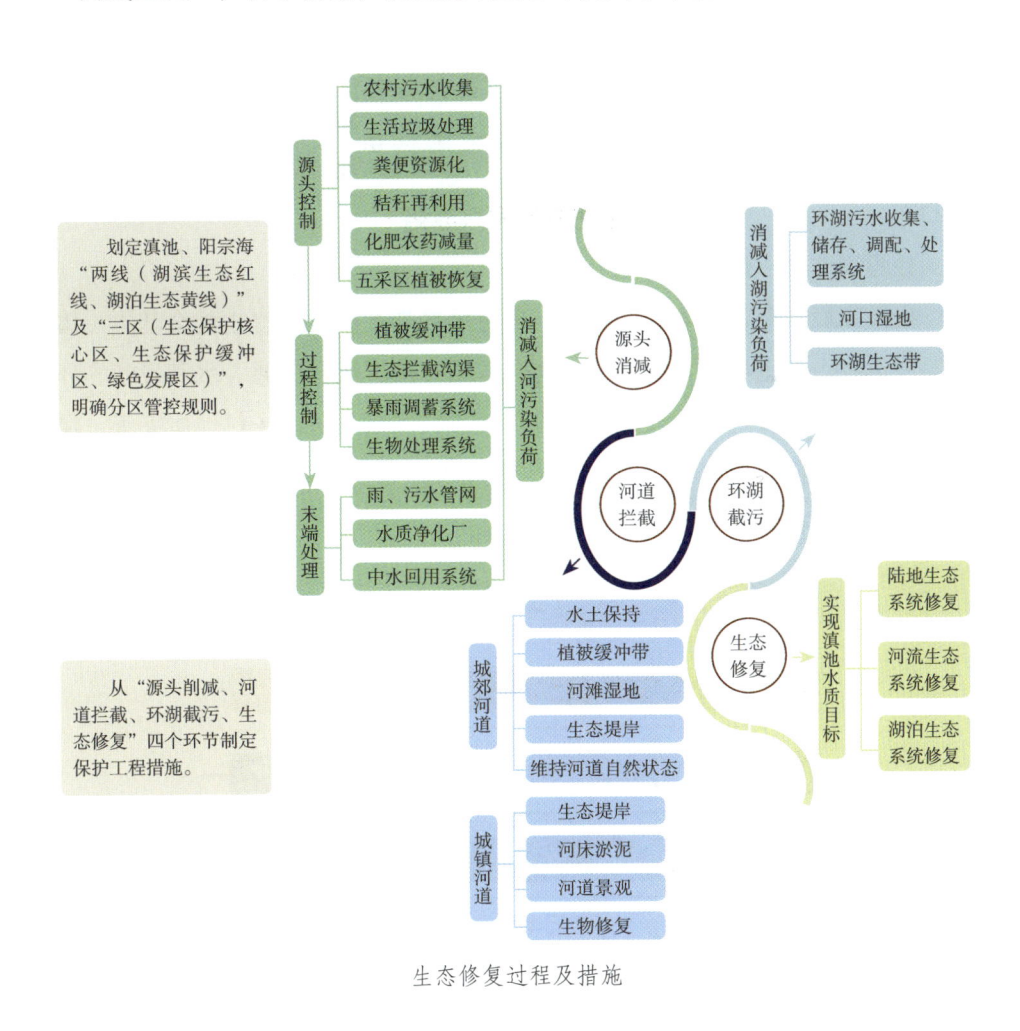

划定滇池、阳宗海"两线（湖滨生态红线、湖泊生态黄线）"及"三区（生态保护核心区、生态保护缓冲区、绿色发展区）"，明确分区管控规则。

从"源头削减、河道拦截、环湖截污、生态修复"四个环节制定保护工程措施。

源头控制：农村污水收集、生活垃圾处理、粪便资源化、秸秆再利用、化肥农药减量、五采区植被恢复

过程控制：植被缓冲带、生态拦截沟渠、暴雨调蓄系统、生物处理系统

末端处理：雨、污水管网、水质净化厂、中水回用系统

消减入河污染负荷

源头消减

消减入湖污染负荷：环湖污水收集、储存、调配、处理系统、河口湿地、环湖生态带

河道拦截

环湖截污

城郊河道：水土保持、植被缓冲带、河滩湿地、生态堤岸、维持河道自然状态

城镇河道：生态堤岸、河床淤泥、河道景观、生物修复

生态修复

实现滇池水质目标：陆地生态系统修复、河流生态系统修复、湖泊生态系统修复

生态修复过程及措施

· **重点实施生态修复** ·

完善保护区建设与管理
　　加强国家森林公园、自然保护区、水源保护区、风景名胜区的管理与设施建设。

推进矿山生态修复
　　至2035年，基本实现全市历史遗留矿山生态修复。

推进水资源可持续利用与水环境治理
　　建设节水示范城市，地表水环境功能区水质目标比例不低于95%。

加强森林资源保护和利用
　　稳步增加全市森林面积，至2035年，全市森林覆盖率达到53%以上。

加强耕地农田的保护与整治
　　严控建设占用耕地，实行占补平衡。推进高标准农田建设，推广农业节水。

加强湿地资源保护和恢复
　　开展全市湿地资源调查和认定，健全湿地保护体系。

生态修复

四、提升农业空间质量，发展高原特色农业

· **推进乡村振兴战略** ·

1. 推进城乡一体化发展

　　推进高原特色都市农业现代化；促进城乡产业融合；建立健全基本一体化发展机制，促进城乡公共服务一体化发展；推进城乡交通、水利设施、环境卫生、社会保障一体化建设；促进市域乡村发展；防治乡村地质灾害，保障乡村生产生活安全。

2. 指导乡村分类发展

- 集聚提升类乡村（集聚发展类、整治提升类）
- 城郊融合类乡村
- 特色保护类乡村（生态保护类、特色发展类）
- 搬迁撤并类乡村
- 暂不明确类乡村

乡村分类发展

·构建农业空间格局·

构建"一园引领、三区多基地"高原特色现代农业发展格局。

1. 一园引领

依托都市农业生产生态资源和城郊区位优势,重点建设农业博览园,发展田园观光、农耕体验、文化休闲、科普教育等农业业态,提高农业质量效益。

2. 三区多基地

结合山地特征及农业类型,划分都市农业核心区、东部丘陵特色农业区、北部山地垂直农业区,重点打造14个美丽田园体验区、田园综合体试验区、绿色生态农业区、现代农业集中区,促进农业产业高质量发展。

·保障区域粮食安全·

1. 保护高等别优质耕地

优先保障粮食安全,保护高质量集中连片耕地,适当增加石林、宜良、禄劝、寻甸、嵩明永久基本农田规模,适当增加寻甸、禄劝、石林、宜良耕地规模。通过土地综合整治优化耕地布局,降低耕地破碎化程度,加强"非农化""非粮化"监管。

2. 统筹推进高标准农田建设

永久基本农田保护区、粮食生产功能区、重要农产品生产保护区优先建设高标准农田,重点加强禄劝、石林、宜良、嵩明等重要粮食主产区优质耕地规模化和集聚化,深入推进高标准农田示范县建设。

3. 发挥都市农业空间复合功能

以"绘底色、提亮色、润成色"的三色行动为抓手,多元化开发片区农旅资源,采用"田园+农旅"的核心理念,有机融合"三生两产"(生产、生活、生态与农业、旅游业),立足富民、晋宁农业特色,打造富民、晋宁美丽田园体验区;发挥嵩明、安宁区位优势,拓宽田园综合体的产业链,拓展农村消费和旅游市场的新格局,打造嵩明、安宁田园综合体体验区。

4. 挖掘高原特色农业空间优势

开展坡改梯综合治理工程，实现农民增收脱贫和生态修复双赢。对松华坝水库、云龙水库等昆明市重要饮用水源地，推行绿色生产方式，大力发展绿色、有机和地理标志优质特色农产品，发挥生态资源优势，因地制宜发展生态、特色、精品农业，实现农业生产、生态保护、农民富裕的多重目标。